L'art d'entendre

Comment être dans la volonté parfaite de Dieu

Deuxième Édition

DAG HEWARD-MILLS

Parchment House

Sauf indication contraire, toutes les citations bibliques sont tirées de la version Louis Segond de la Bible

Copyright © 2009, 2011 Dag Heward-Mills

Titre original : The Art of Hearing
Publié pour la première fois en 2001 par Parchment House
Version française publié pour la première fois en 2009 par Lux Verbi.BM (Pty) Ltd. Traduit par : Arlette Mbarga

Publié pour la première fois en 2011 par Parchment House sur le titre :
How You Can Be in the Perfect Will of God
Version française publiée pour la première fois en 2011 par Parchment House. Traduit par : Professional Translations, Inc.
Deuxième impression en 2012

Deuxième édition :
Publié pour la première fois en 2014 par Parchment House sur le titre :
The Art of Hearing, second Edition
Version française publiée pour la deuxième fois en 2015

Pour savoir plus sur Dag Heward-Mills
Campagne Jésus qui guérit
Écrivez à : evangelist@daghewardmills.org
Site web : www.daghewardmills.org
Facebook : Dag Heward-Mills
Twitter : @EvangelistDag

ISBN : 978-9988-8569-2-2

Dédicace
Je dédie cet ouvrage au **Pasteur Kingsley Gyasi**
Merci pour le travail remarquable accompli en Afrique du Sud.
Vous avez jeté les bases du salut de beaucoup d'âmes.

Tous droits de traduction, de reproduction et d'adaptation réservés pour tous pays. À l'exception des analyses et citations courtes, toute exploitation ou reproduction même partielle de cet ouvrage est interdite sans l'autorisation écrite de l'auteur.

Table des matières

1. La volonté parfaite et la volonté imparfaite de Dieu 1
2. Comprendre comment certains entrent dans la volonté imparfaite de Dieu 11
3. Pourquoi tant de gens suivent la volonté imparfaite de Dieu 15
4. La volonté mystérieuse de Dieu 19
5. Être rempli de la connaissance de Sa volonté 25
6. Vingt raisons pour lesquelles vous devez être menés par l'esprit de Dieu 37
7. Douze types de voix différentes 58
8. La voix de la Bible 70
9. Cinq clés pour vaincre la voix de votre chair 76
10. Trois choses à savoir sur la voix du Saint-Esprit ... 80
11. Sept caractéristiques du témoin intérieur 84
12. Comment utiliser « la paix, notre arbitre » au quotidien 87
13. Comment faire la différence quand l'Esprit s'exprime de différentes manières 90
14. Quatre raisons pour des conseils spectaculaires ... 94
15. Comment identifier une porte 98
16. Ce que tout chrétien devrait savoir au sujet des rêves .. 104
17. Comment interpréter différents types de rêves ... 108
18. Comment comprendre un prophète 113
19. Le secret des sentiers aplanis 121

20.	Comment faire pour affronter la voix des autres	124
21.	Comment ne pas se laisser guider par les circonstances	128
22.	Comment démasquer le diable	131
23.	Trois choses à vérifier pour éviter les erreurs lorsqu'on est guidé par l'esprit	134
24.	Pourquoi on doit écouter sa conscience	139
25.	Douze degrés d'obéissance au Seigneur	142
26.	Alternatives fréquentes à l'obéissance	151
27.	Promesses et bénédictions dans l'obéissance	159

Chapitre 1

La volonté parfaite et la volonté imparfaite de Dieu

[...] afin que vous discerniez quelle est la VOLONTÉ DE DIEU, ce qui est bon, agréable et PARFAIT.
Romains 12 : 2

La volonté de Dieu peut être décrite comme étant parfaite ou imparfaite. La volonté imparfaite de Dieu est qualifiée d'imparfaite parce qu'elle ressemble à la vraie volonté de Dieu, mais n'est pas vraiment ce que Dieu veut.

La volonté parfaite de Dieu est la volonté entière, mature et pleine de Dieu. La volonté imparfaite de Dieu est ce que Dieu laisse les hommes faire, même si ce n'est pas ce qu'Il leur destine en priorité.

La volonté parfaite de Dieu

1. *La volonté parfaite de Dieu est là où Dieu souhaite que vous soyez. Dieu est satisfait de vous lorsque vous suivez Sa volonté parfaite et Il est heureux quand Il entend votre nom.*

2. *Dans la volonté parfaite de Dieu vous êtes à la bonne place et vous répondez parfaitement aux critères du plan original de Dieu.*

3. *Dans la volonté parfaite de Dieu, vous répondez parfaitement aux besoins pour lesquels Dieu vous a conçus.*

La volonté imparfaite de Dieu

1. *Dieu permet à Ses enfants d'être dans sa volonté imparfaite à la suite de leur révolte et de leur refus de suivre le plan original parfait qu'il avait conçu pour eux.*

2. *Lorsque vous êtes dans la volonté imparfaite de Dieu, Dieu n'est pas vraiment satisfait de vous. Il ne fait que vous tolérer, étant patient avec vous et vous donnant le temps de vous repentir.*

3. *Dans la volonté imparfaite de Dieu, vous pouvez penser avoir les faveurs de Dieu, mais vous ne rendez pas un service absolu au Seigneur et vous ne répondez pas à l'objectif original que Dieu a conçu pour votre vie.*

4. *La volonté imparfaite de Dieu est l'endroit où vous n'êtes pas à la place qui vous a été assignée et où vous n'êtes pas à même d'accomplir votre tâche.*

Passer de la volonté parfaite à la volonté imparfaite de Dieu

Partout dans la Bible, vous trouverez des exemples montrant que Dieu permet aux hommes de faire ce qu'ils désirent même si ce n'est pas Sa volonté parfaite. La plupart du temps, le peuple de Dieu était en pleine révolte et rempli de haine à la volonté parfaite de Dieu. Au lieu de porter un jugement immédiat, Dieu permettait que Son peuple dévie vers Sa volonté imparfaite (inappropriée, incorrecte, inacceptable, non-idéale) et reçoive ensuite une punition sévère à la mesure de son esprit de rébellion!

Dans ce livre, vous découvrirez comment Dieu permet à son peuple d'avoir un roi, tout en utilisant des rois pour le punir. Il permet à son peuple de connaître la prospérité, mais remplit ensuite leurs âmes d'illusions et de vilénies. Il permet à son peuple de concevoir des idoles mais les détruit ensuite. Il permet à un prophète de partir en mission, mais envoie ensuite un âne pour le réprimander.

Dieu ne Se contredit pas en permettant à son peuple de dévier vers Sa volonté imparfaite. C'est Sa réponse à la rébellion, à l'obstination et au rejet de Sa volonté parfaite. À la fin, tous les hommes reçoivent les jugements appropriés, bien mérités et novateurs de Dieu !

Certains appellent cette volonté imparfaite la volonté laxiste de Dieu. Cette volonté imparfaite de Dieu est le lieu où de nombreux ministres de l'évangile évoluent. Certains vivent leur vie entière dans cette volonté imparfaite de Dieu.

Tout semble aller au mieux pour les gens qui vivent dans la volonté imparfaite de Dieu. Leurs ministères prospèrent et la faveur de Dieu semble se répandre sur tout ce qu'ils font. Mais l'abondance et le succès apparent ne signifient pas que Dieu est satisfait d'eux. La plupart d'entre nous sont trompés par l'illusion de la complaisance et par ce que beaucoup appellent « des bénédictions ».

L'argent et l'abondance n'ont jamais été le signe que Dieu est satisfait de vous. Le démon aussi donne de l'argent à ceux qui le servent. Satan a dit à Jésus que s'il se prosternait, il lui donnerait le monde entier. La présence de Dieu et la voix de l'Esprit Saint sont ce que vous devez chercher et non pas l'argent, ni quoi que ce soit de physique.

Quand vous entrez en contact avec un ministre vous devez observer pour voir si la présence de Dieu est avec lui. Vous devez écouter pour savoir si la voix de Dieu et la parole du Seigneur sont présentes.

La Bible est pleine d'exemples montrant Son peuple s'éloignant de la volonté parfaite de Dieu et allant vers la volonté imparfaite de Dieu. Dieu semble bénir ceux qui sont dans Sa volonté imparfaite, mais Il n'est pas vraiment satisfait d'eux.

Examinons certains exemples de personnes s'égarant dans la volonté imparfaite de Dieu.

1. Israël est entré dans la volonté imparfaite de Dieu en cherchant absolument à avoir un roi.

La présence d'un roi n'était pas la volonté parfaite, finale de Dieu pour Israël. Mais Dieu le lui a accordé et Il a confié à Samuel en privé que le peuple L'avait rejeté.

La présence d'un roi n'était pas la volonté parfaite de Dieu et pourtant Dieu l'a permise. Comme vous allez le voir, cette solution ne s'est pas avérée positive et les enfants d'Israël ont énormément souffert sous leurs rois.

Il est important de ne pas être trompé quand Dieu permet apparemment certaines choses. Le vrai cœur de Dieu est révélé à ceux qui sont sincèrement proches de Lui. Il nous arrive constamment de dire ce qui est politiquement juste quand nous sommes en public, mais de révéler ailleurs nos vraies pensées. Il faut apprendre à rechercher le véritable esprit et le cœur vrai de Dieu sur un sujet donné.

Le Seigneur a eu de la peine en permettant à Samuel de nommer un roi. Il savait qu'Il avait été rejeté par le peuple. Il savait que le peuple n'utilisait les fils de Samuel comme un moyen pour le rejeter. Dieu a consenti à leur demande, mais les choses n'allaient pas bien se passer pour Israël. Méfiez-vous quand Dieu semble permettre des choses dans votre vie qu'Il ne désire pas vraiment.

Alors, tous les aînés d'Israël se sont rassemblés et sont venus chez Samuel à Ramah, et lui ont dit, Regarde, tu es vieux et tes fils ne suivent pas ta voie : donne-nous maintenant un roi pour nous juger comme toutes les nations.

Mais ils rendirent Samuel mécontent, quand ils lui dirent, donne-nous un roi pour nous juger. Et Samuel a prié le Seigneur.

L'Éternel dit à Samuel : *Écoute la voix du peuple dans tout ce qu'il te dira; car ce n'est pas toi qu'ils rejettent, c'est moi qu'ils rejettent,* afin que je ne règne plus sur eux.

1 Samuel 8 : 7

2. Balaam a quitté la volonté parfaite de Dieu quand il a continué à demander de pouvoir prophétiser au roi de Moab.

Le Seigneur avait clairement signifié à Balaam qu'Il voulait qu'il n'ait aucune relation avec Balak, le roi de Moab. Cependant, Balaam désirait vraiment avoir un peu de l'argent que Balak lui avait promis. Il demanda avec insistance au Seigneur la permission de parler au roi. Finalement, le Seigneur lui a dit qu'il pouvait le faire. Le Seigneur l'a même conseillé sur la manière de lui parler. Des chrétiens modernes auraient pris cela comme un signe de la volonté de Dieu. Ce passage est là pour nous mettre en garde contre l'illusion que Dieu nous permet d'en faire à notre tête quand Il sait que nous sommes pleins de rébellion.

Dieu vint à Balaam et dit : Qui sont ces hommes que tu as chez toi ?

Balaam répondit à Dieu : Balak, fils de Tsippor, roi de Moab, les a envoyés pour me dire : voici, un peuple est sorti d'Égypte et il couvre la surface de la terre ; viens donc, maudis-le ; peut-être ainsi pourrai-je le combattre et le chasserai-je.

DIEU DIT À BALAAM : TU N'IRAS POINT AVEC EUX ; TU NE MAUDIRAS POINT CE PEUPLE, CAR IL EST BÉNI.

Balaam se leva le matin et il dit aux chefs de Balak : allez dans votre pays, car l'Éternel refuse de me laisser aller avec vous.

Et les princes de Moab se levèrent, retournèrent auprès de Balak, et dirent : Balaam a refusé de venir avec nous.

Balak envoya de nouveau des chefs en plus grand nombre et plus considérés que les précédents.

Ils arrivèrent auprès de Balaam, et lui dirent : Ainsi parle Balak, fils de Tsippor : Que l'on ne t'empêche donc pas de venir vers moi ; car je te rendrai beaucoup d'honneurs, et je ferai tout ce que tu me diras ; viens, je te prie, maudis-moi ce peuple.

Balaam répondit et dit aux serviteurs de Balak : Quand Balak me donnerait sa maison pleine d'argent et d'or, je ne pourrais faire aucune chose, ni petite ni grande, contre l'ordre de l'Éternel, mon Dieu.

Maintenant, je vous prie, restez ici cette nuit, et je saurai ce que l'Éternel me dira encore.

DIEU VINT À BALAAM PENDANT LA NUIT ET LUI DIT : PUISQUE CES HOMMES SONT VENUS POUR

T'APPELER, LÈVE-TOI, VA AVEC EUX ; MAIS TU FERAS CE QUE JE TE DIRAI.

Balaam se leva le matin, sella son ânesse et partit avec les chefs de Moab.

LA COLÈRE DE DIEU S'ENFLAMMA, PARCE QU'IL ÉTAIT PARTI ; et l'ange de l'Éternel se plaça sur le chemin, pour lui résister. Balaam était monté sur son ânesse et ses deux serviteurs étaient avec lui.

Nombres 22 : 9-22

3. **Les enfants d'Israël se sont éloignés de la volonté parfaite de Dieu quand ils aspiraient a la prospérité.**

Mais ils oublièrent bientôt ses œuvres, Ils n'attendirent pas l'exécution de ses desseins. Ils furent saisis de convoitise dans le désert, Et ils tentèrent Dieu dans la solitude. Il leur accorda ce qu'ils demandaient; Puis il envoya le dépérissement dans leur corps.

Psaumes 106 : 13-15

Les enfants d'Israël, tout comme l'église moderne, n'aspiraient qu'à l'argent. De même que ce qui est arrivé à cette époque, le Seigneur leur donna des prédicateurs de prospérité qui ont utilisé le Mot pour légitimer leur envie de richesses terrestres.

L'importance que les prêches accordent sans cesse à la prospérité et à la séduction qui l'accompagne semble être la volonté de Dieu. La présence de grandes foules et le succès apparent de nombreux ministères donnent l'impression que Dieu est satisfait.

Il avait semblé que Dieu avait répondu au désir de prospérité des Israélites, mais ils étaient dans la volonté imparfaite de Dieu parce qu'Il les a punis d'avoir désiré la prospérité. Et la punition fut *la vilénie dans leurs âmes*.

Dieu ne les aurait pas punis s'ils avaient bien agit.

Dieu veut que Ses enfants prospèrent, mais pas de manière fausse et pour de mauvaises raisons. Il leur a accordé la prospérité parce qu'Il n'est pas opposé à la prospérité. Aujourd'hui, Dieu accorde la prospérité à Son église mais il semble qu'elle s'accompagne d'une vilénie d'âme, d'un manque de profondeur spirituel, de la maladie, du divorce, de l'immoralité et de l'homosexualité. Méfions-nous de ce que nous forçons Dieu à nous donner parce que nous ne serons pas heureux avec les punitions méritées qui accompagnent la persistance de suivre notre propre voie.

4. Les enfants d'Israël sont entrés dans la volonté imparfaite de Dieu quand ils ont forcé Aaron à produire un veau.

Les enfants d'Israël ont semblé suivre leur propre voie quand ils ont exigé qu'Aaron fasse des dieux pour les diriger.

Comme Aaron a fait le veau pour eux, ils ont dû penser que Dieu avait initié une nouvelle religion qui impliquait l'adoration des idoles.

> Les Israélites se sont délectés de leur nouvelle religion, pensant que Dieu les avait approuvés à cause de l'engagement d'Aaron.
>
> Mais ils n'étaient pas dans la volonté de Dieu, même s'il semblait que l'homme de Dieu les avait dirigés. Il ne se passa pas beaucoup de temps avant qu'ils ne récoltent la punition d'être dans la volonté imparfaite de Dieu.
>
> Le peuple, voyant que Moïse tardait à descendre de la montagne, s'assembla autour d'Aaron, et lui dit : Allons ! Fais-nous un dieu qui marche devant nous, car ce Moïse, cet homme qui nous a fait sortir du pays d'Égypte, nous ne savons ce qu'il est devenu. Aaron leur dit : Ôtez les anneaux d'or qui sont aux oreilles de vos femmes, de vos fils et de vos filles, et apportez-les-moi.
>
> Et tous ôtèrent les anneaux d'or qui étaient à leurs oreilles, et ils les apportèrent à Aaron. Il les reçut de leurs mains, jeta l'or dans un moule, et fit un veau en fonte. Et ils dirent : Israël ! Voici ton dieu, qui t'a fait sortir du pays d'Égypte.
>
> Exode 32 : 1-4
>
> Ils firent un veau en Horeb, Ils se prosternèrent devant une image de fonte,

Ils échangèrent leur gloire Contre la figure d'un bœuf qui mange l'herbe.

Ils oublièrent Dieu, leur sauveur, Qui avait fait de grandes choses en Égypte,

Des miracles dans le pays de Cham, Des prodiges sur la mer Rouge.

Et il parla de les exterminer ; Mais Moïse, son élu, se tint à la brèche devant lui, Pour détourner sa fureur et l'empêcher de les détruire.

Psaumes 106 : 19-23

5. Nadab et Abihu étaient dans la volonté imparfaite de Dieu quand ils offrirent un sacrifice que Dieu n'avait pas demandé.

Il est bon d'offrir des sacrifices au Seigneur. Et c'est exactement ce que Nadab et Abihu ont fait. Ils ont offert des sacrifices au Seigneur, mais Dieu n'a pas été satisfait d'eux. Cela a même été la cause de leur mort. De nouveau, nous voyons le peuple faire de bonnes choses, mais en recevoir une punition parce que ce n'était pas la volonté parfaite de Dieu.

Les fils d'Aaron, Nadab et Abihu, prirent chacun un brasier, y mirent du feu, et posèrent du parfum dessus; ils apportèrent devant l'Éternel du feu étranger, ce qu'il ne leur avait point ordonné.

Alors le feu sortit de devant l'Éternel, et les consuma : ils moururent devant l'Éternel.

Lévitique 10 : 1-2

6. Abram est entré dans la volonté imparfaite de Dieu quand il a produit un héritier avec Agar.

Abram a créé toutes sortes de problèmes dans sa vie en ayant un enfant avec Hagar. Dieu ne lui a pas dit d'avoir un enfant avec Hagar mais il voulait faire plaisir à sa femme. Dieu lui a permis d'épouser Hagar et a même béni l'enfant d'Hagar. Mais ce n'était pas la volonté parfaite de Dieu. Dieu lui avait dit qu'Il allait le rendre père de beaucoup de nations à travers Saraï.

Saraï, femme d'Abram, ne lui avait point donné d'enfants. Elle avait une servante Égyptienne, nommée Agar.

Et Saraï dit à Abram: Voici, l'Éternel m'a rendue stérile; viens, je te prie, vers ma servante; peut-être aurai-je par elle des enfants. Abram écouta la voix de Saraï.

Genèse 16 : 1-2

7. Les enfants d'Israël se sont éloignés de la volonté parfaite de Dieu lorsqu'il leur a permis de divorcer.

Dieu n'a jamais eu l'intention de nous laisser divorcer. Mais il a semblé permettre et même bénir des mariages polygames dans l'Ancien Testament.

Beaucoup pensent que les mariages polygames sont bibliques parce que tous les patriarches avaient plusieurs femmes. Ainsi pourquoi Dieu a-t-il semblé avoir une attitude ambivalente envers le remariage et le divorce dans l'Ancien Testament ?

Quand la question du divorce a été abordée, Jésus a réglé la question une fois pour toutes. Il révéla la volonté parfaite de Dieu. Il nous montra que Dieu n'approuve pas vraiment le divorce et le remariage.

Dans l'Ancien Testament, Dieu semble avoir approuvé le divorce mais c'était simplement Sa réponse à la dureté du cœur des gens.

Rappelez-vous que dans la volonté parfaite de Dieu, vous répondez au plan original qu'il a conçu pour vous. Son plan original n'était pas le divorce. Dieu l'a permis parce qu'Il a reconnu que le cœur des gens s'est endurci. Dieu peut sembler permettre certaines choses dans votre vie et dans votre ministère. Peut-être est-ce parce que votre cœur est endurci.

> Les pharisiens l'abordèrent ; et, pour l'éprouver, ils lui demandèrent s'il est permis à un homme de répudier sa femme.
>
> Il leur répondit : Que vous a prescrit Moïse ? Moïse, dirent-ils, a permis d'écrire une lettre de divorce et de répudier.

Et Jésus leur dit : C'est à cause de la dureté de votre cœur que Moïse vous a donné ce précepte.

Mais au commencement de la création, Dieu fit l'homme et la femme ;

C'est pourquoi l'homme quittera son père et sa mère, et s'attachera à sa femme, et les deux deviendront une seule chair. Ainsi ils ne sont plus deux, mais ils sont une seule chair.

Que l'homme donc ne sépare pas ce que Dieu a joint.

Marc 10 : 2-9

Chapitre 2

Comprendre comment certains entrent dans la volonté imparfaite de Dieu

C'est pourquoi ne soyez pas inconsidérés, mais COMPRENEZ quelle est la volonté du Seigneur.

Éphésiens 5 : 17

1. **Certains entrent dans la volonté imparfaite de Dieu en n'entendant pas précisément la voix de Dieu.**

   SAMUEL NE CONNAISSAIT PAS ENCORE L'ÉTERNEL ET LA PAROLE DE L'ÉTERNEL NE LUI AVAIT PAS ENCORE ÉTÉ RÉVÉLÉE.

   1 Samuel 3 : 7

Il est important de pouvoir entendre quand Dieu parle. Si vous ne pouvez dire quand Dieu a parlé, alors vous aurez de sérieux problèmes. C'est pourquoi l'art d'entendre la voix de Dieu est essentiel à votre survie. Ce n'est que lorsque vous avez développé l'art d'entendre que vous pouvez être dans la volonté parfaite de Dieu. Beaucoup sont dans la volonté imparfaite de Dieu parce qu'ils *n'entendent pas* et *ne peuvent pas* entendre quand Dieu parle.

2. **On entre dans la volonté imparfaite de Dieu parce que Dieu permet aux hommes d'avoir un libre arbitre.**

   Mais à tous ceux qui l'ont reçue, à ceux qui croient en son nom, elle a donné le pouvoir de devenir enfants de Dieu, lesquels sont nés [...]

   Jean 1 : 12

Etonnamment, Dieu ne force personne à L'aimer ou à Le servir. Dieu respecte notre volonté ou notre décision d'aller au ciel ou en enfer. Si nous décidons de faire quelque chose contre Sa volonté, Il respecte notre décision et nous permet de nous détruire.

Le fils prodigue a été autorisé à quitter la maison parce que le père savait qu'il était préférable de ne pas garder chez lui un fils récalcitrant et rebelle. Jésus est venu dans ce monde pour nous sauver tous. Mais Il respecte la volonté de chacun d'accepter Son salut ou de Le rejeter. « Et ce jugement c'est que, la lumière étant venue dans le monde, les hommes ont préféré les ténèbres à la lumière, parce que leurs œuvres étaient mauvaises ». (Jean 3 : 19).

Les gens seront condamnés parce que la lumière est venue au monde, mais qu'en toute liberté, ils ont choisi l'obscurité.

3. Les gens entrent dans la volonté imparfaite de Dieu parce qu'ils veulent être comme les autres.

Vouloir être comme les autres est le désir le plus dangereux qu'un homme de Dieu puisse avoir. Vouloir être comme les autres vous conduit à rejeter Dieu et Sa volonté. Jésus a dit : « Je ne tire pas ma gloire des hommes ». (Jean 5 : 41).

> Tous les anciens d'Israël s'assemblèrent, et vinrent auprès de Samuel à Rama. Ils lui dirent : Voici, tu es vieux, et tes fils ne marchent point sur tes traces ; maintenant, établis sur nous un roi pour nous juger, COMME IL Y EN A CHEZ TOUTES LES NATIONS.
>
> 1 Samuel 8 : 4-5

4. Les gens s'engagent dans la volonté imparfaite de Dieu, parce qu'ils sont présomptueux.

Etre présomptueux, c'est prétendre avec arrogance que des privilèges doivent vous être accordés. Ozias supposa à tort que parce qu'il était le roi, il avait le droit de faire le travail des prêtres. Nous pensons souvent que nous connaissons la volonté de Dieu, car Il nous a utilisés dans le passé. Quand nous devenons présomptueux, nous imaginons que nos idées sont les idées de Dieu et que notre volonté est la volonté de Dieu. L'arrogance et l'orgueil nous induisent en erreur et nous font suivre la volonté imparfaite de Dieu. Qui que vous soyez, vous n'êtes qu'un homme et votre volonté n'est pas nécessairement la volonté de Dieu. Vous devez rechercher la volonté de Dieu.

> Mais lorsqu'il fut puissant, son cœur s'éleva pour le perdre. Il pécha contre l'ÉTERNEL, son Dieu : il entra dans le temple de l'ÉTERNEL pour brûler des parfums sur l'autel des parfums.
>
> Le sacrificateur Azaria entra après lui, avec quatre-vingts sacrificateurs de l'ÉTERNEL, hommes courageux, qui s'opposèrent au roi Ozias et lui dirent : Tu n'as pas le droit, Ozias, d'offrir des parfums à l'ÉTERNEL ! Ce droit appartient aux sacrificateurs, fils d'Aaron, qui ont été consacrés pour les offrir. Sors du sanctuaire, car tu commets un péché ! Et cela ne tournera pas à ton honneur devant l'ÉTERNEL Dieu.
>
> La colère s'empara d'Ozias, qui tenait un encensoir à la main. Et comme il s'irritait contre les sacrificateurs, la lèpre éclata sur son front, en présence des sacrificateurs, dans la maison de l'ÉTERNEL, près de l'autel des parfums.
>
> Le souverain sacrificateur Azaria et tous les sacrificateurs portèrent les regards sur lui, et voici il avait la lèpre au front. Ils le mirent précipitamment dehors, et lui-même se hâta de sortir, parce que l'ÉTERNEL l'avait frappé.
>
> 2 Chroniques 26 : 16-20

5. Les gens s'engagent dans la volonté imparfaite de Dieu en se reposant trop vite.

Ne vous réjouissez pas trop vite, ne prenez pas des airs de champion. C'est le signe certain que vous ne serez détruits prochainement. David se reposa, et n'alla pas à la guerre, bien que ce fût un temps de guerre. Ce simple moment de détente le fit entrer dans la volonté imparfaite de Dieu. La volonté imparfaite de Dieu devint l'une des phases les plus sombres de sa vie et de son ministère.

L'année suivante, au temps où les rois se mettaient en campagne, David envoya Joab, avec ses serviteurs et tout Israël, pour détruire les fils d'Ammon et pour assiéger Rabba. Mais DAVID RESTA À JÉRUSALEM.

2 Samuel 11 : 1

6. Les gens s'engagent dans la volonté imparfaite de Dieu en raison de leur impatience.

Attendre patiemment la volonté de Dieu vous fera porter beaucoup de fruits pour le Seigneur.

Si le peuple avait patiemment attendu que Moïse descende de la montagne, il n'aurait jamais souffert la traversée du désert durant quarante ans de sa vie. Être dans le désert pendant quarante ans n'était pas la volonté parfaite de Dieu. Quarante ans dans le désert était la volonté imparfaite de Dieu, imposée aux enfants d'Israël en raison de leur impatience. Puissiez-vous être délivré de l'épreuve d'une traversée du désert à cause de votre impatience !

> LE PEUPLE, VOYANT QUE MOÏSE TARDAIT à descendre de la montagne, s'assembla autour d'Aaron, et lui dit: Allons! Fais-nous un dieu qui marche devant nous, car ce Moïse, cet homme qui nous a fait sortir du pays d'Égypte, nous ne savons ce qu'il est devenu.

Exode 32 : 1

7. Les gens entrent dans la volonté imparfaite de Dieu à cause de la manipulation humaine.

Faire confiance à Dieu n'est pas facile. Nous sommes souvent tentés d'essayer de changer le cours des choses. Dieu sait mieux que nous. Vous devez lui faire confiance et croire que tout se combine pour le meilleur.

> Et Saraï dit à Abram : Voici, l'Éternel m'a rendue stérile ; viens, je te prie, VERS MA SERVANTE; peut-être aurai-je par elle des enfants. Abram écouta la voix de Saraï.

Genèse 16 : 2

Chapitre 3

Pourquoi tant de gens suivent la volonté imparfaite de Dieu

Beaucoup se retrouvent dans la volonté imparfaite de Dieu. C'est parce que la volonté parfaite de Dieu est mystérieusement proche et parallèle à la volonté imparfaite de Dieu. Cela signifie que la volonté de Dieu et la volonté imparfaite de Dieu présentent des similitudes telles qu'on peut penser qu'elles sont une seule et même chose. Vous remarquerez que la volonté parfaite de Dieu est presque identique à la volonté imparfaite de Dieu.

Mystérieusement, elles ne sont pas similaires. En vérité, elles sont très différentes l'une de l'autre. Bien que la volonté imparfaite de Dieu soit à la fois proche et parallèle à la volonté parfaite de Dieu, les résultats sont très différents. Voyez ces exemples :

1. **Marie et Marthe** : Marie choisit la volonté parfaite de Dieu, mais Marthe choisit la volonté imparfaite de Dieu. Marie a choisi la seule chose nécessaire, mais Marthe a choisi d'être une cuisinière. Marie et Marthe étaient toutes deux proches de Jésus, mais Marie a choisi d'écouter la Parole. Toutes les deux aimaient Jésus et Le recevaient dans leur maison. Mais Marie était différente parce qu'elle choisit la Parole et que Marthe choisit la nourriture. Marie a choisi la bonne part et Marthe a choisi la part acceptable.

Elle avait une sœur, nommée MARIE, qui, S'ÉTANT ASSISE AUX PIEDS DU SEIGNEUR, ÉCOUTAIT SA PAROLE.

Marthe, OCCUPÉE À DIVERS SOINS DOMES-TIQUES, survint et dit : Seigneur, cela ne te fait-il rien que ma sœur me laisse seule pour servir ? Dis-lui donc de m'aider.

Le Seigneur lui répondit : Marthe, Marthe, tu t'inquiètes et tu t'agites pour beaucoup de choses.

UNE SEULE CHOSE EST NÉCESSAIRE. MARIE A CHOISI LA BONNE PART, qui ne lui sera point ôtée.

Luc 10 : 39-42

2. **Les cinq vierges sages et les cinq vierges folles** : En apparence, les cinq vierges folles paraissaient exactement semblables aux cinq vierges sages, mais elles étaient très différentes.

Les cinq vierges sages étaient dans la volonté parfaite de Dieu, mais les cinq vierges folles n'étaient pas dans la volonté parfaite de Dieu. À la fin de cette parabole, nous voyons les deux groupes de vierges aller dans des directions différentes. La volonté parfaite de Dieu et la volonté imparfaite de Dieu peuvent être proches et parallèles, mais elles sont très différentes. Lorsque vous suivez la volonté imparfaite de Dieu vous arrivez à un résultat différent de ceux qui sont dans la volonté parfaite de Dieu.

Alors le royaume des cieux sera semblable à dix vierges qui, ayant pris leurs lampes, allèrent à la rencontre de l'époux.

Cinq d'entre elles étaient folles et cinq sages.

Les folles, en prenant leurs lampes, ne prirent point d'huile avec elles ; mais les sages prirent, avec leurs lampes, de l'huile dans des vases.

Matthieu 25 : 1-4

3. **Les deux femmes au moulin** : Les deux femmes au moulin semblaient être toutes les deux suivre la volonté parfaite de Dieu. En fin de compte, l'une d'entre elles a été abandonnée et l'autre a été emmenée au ciel. Comment est ce possible? Bien qu'elles semblaient être semblables, elles étaient en fait très différentes l'une de l'autre. Telle est la mystérieuse volonté de Dieu. Elle ressemble à la volonté imparfaite de Dieu, mais est en réalité très différente.

De deux *femmes qui moudront* à la meule : l'une sera prise et l'autre laissée.

Matthieu 24 : 41

4. **Le fils prodigue et le fils aîné** : Ces deux jeunes hommes vivaient ensemble dans la même maison. L'un était plein de révolte et de l'autre était empli d'une patiente obéissance. En fin de compte l'un de ces garçons est devenu un pauvre et l'autre est devenu un homme riche. À l'origine, ils semblaient être tous les deux dans la volonté parfaite de Dieu. Mais la rébellion détruisit la vie du fils prodigue.

Il dit encore : Un homme avait deux fils. Le plus jeune dit à son père: Mon père, donne-moi la part de bien qui doit me revenir. Et le père leur partagea son bien.

Peu de jours après, le plus jeune fils, ayant tout ramassé, partit pour un pays éloigné, où il dissipa son bien en vivant dans la débauche.

Luc 15 : 11-13

5. **Le bon sel et le sel qui a perdu son goût** : Le bon sel et le mauvais sel ont exactement la même apparence. Il n'y a pas moyen de dire lequel a perdu sa saveur.

Le sel des Chrétiens est censé rendre les fidèles assoiffés de Dieu. Malheureusement, l'église a perdu beaucoup de sa saveur et rend les fidèles assoiffés d'argent et de réussite plutôt que de Dieu.

Nous sommes devenus un mauvais type de sel, mais nous ressemblons exactement au bon sel. Il n'est pas facile de dire quand l'église est dans la volonté imparfaite de Dieu. Le sel (les ministres de l'Evangile) qui a perdu sa saveur s'épuise à grappiller les biens du monde au lieu de vivre pour Dieu. Mais il n'est pas facile de voir la différence entre le sel qui a perdu sa saveur et le sel qui est toujours salé. Ceux qui sont dans la volonté parfaite de Dieu et ceux qui sont dans la volonté imparfaite de Dieu ont exactement la même apparence.

Vous êtes le sel de la terre. Mais si le sel perd sa saveur, avec quoi la lui rendra-t-on ? Il ne sert plus qu'à être jeté dehors et foulé aux pieds par les hommes.

Matthieu 5 : 13

6. La bonne lumière et la mauvaise lumière : En tant que lumière du monde nous sommes censés montrer au monde le chemin vers Dieu, mais au lieu de cela, nous lui montrons plutôt les chemins qui conduisent à la richesse et à la gloire temporelle.

La lumière qui montre le chemin vers Dieu et la lumière qui montre le chemin vers le monde sont toutes deux lumière et ont donc de nombreuses similitudes. Il est difficile de voir la différence entre ces lumières proches et parallèles et pourtant elles conduisent vers des destinations très différentes.

Vous êtes la lumière du monde. Une ville située sur une montagne ne peut être cachée et on n'allume pas une lampe pour la mettre sous le boisseau, mais on la met sur le chandelier et elle éclaire tous ceux qui sont dans la maison.

Que votre lumière luise ainsi devant les hommes, afin qu'ils voient vos bonnes œuvres, et qu'ils glorifient votre Père qui est dans les cieux.

Matthieu 5 : 14-16

Chapitre 4

La volonté mystérieuse de Dieu

Nous faisant connaître LE MYSTÈRE DE SA VOLONTÉ, selon le bienveillant dessein qu'il avait formé en lui-même.

Ephésiens 1 : 9

La volonté parfaite de Dieu est mystérieuse, c'est le moins que l'on puisse dire. Suivre la volonté de Dieu peut vous faire paraître étrange et bizarre. Mais vous n'aurez pas peur de la volonté parfaite de Dieu, si vous comprenez que la volonté de Dieu est essentiellement mystérieuse par nature.

Une chose mystérieuse possède des caractéristiques étranges et souvent inexplicables. Elle n'est pas facile à comprendre et est souvent mal comprise. Les gens ne comprennent pas Dieu et pensent souvent qu'Il essaye de les tirer vers le bas ou de les détruire quand Il offre Sa volonté pour leurs vies.

Ils ne peuvent imaginer cette merveilleuse et mystérieuse volonté du Seigneur. Dans ce chapitre, je veux que nous examinions les nombreuses et diverses occasions où la volonté de Dieu a été mystérieuse pour l'homme. Lorsque vous comprendrez que la volonté de Dieu est mystérieuse, vous n'en aurez pas peur et vous ne la rejetterez pas.

1. Par quel mystère le renoncement à la sécurité terrestre suivant l'instruction de Dieu peut vous apporter la sécurité

Il y a certaines choses que nous faisons pour assurer notre avenir. Certes, abandonner votre pays et votre famille et vous lancer dans le désert n'est pas un des moyens de vous assurer un grand avenir.

Mystérieusement, c'est de cette manière qu'Abram acquit une renommée internationale. Le mystère de la volonté de Dieu peut être démontré dans la manière dont Dieu a donné à Abram un grand nom sur la terre et un héritage durable dans le ciel quand il s'engagea dans l'insécurité et l'incertitude de la volonté de Dieu.

Étonnamment, dans l'histoire de la Tour de Babel, ceux qui ont essayé de se faire un grand nom pour eux-mêmes ne se sont absolument pas élevés. Leurs objectifs ont été clairement énoncés. « Faisons-nous un nom, et allons au paradis. »

> Ils dirent encore: Allons ! Bâtissons-nous une ville et une tour dont le sommet touche au ciel et faisons-nous un nom, afin que nous ne soyons pas dispersés sur la face de toute la terre.
>
> Genèse 11 : 4

Mais ils n'ont accompli aucun de ces objectifs.

C'est Abram qui, mystérieusement, a acquis un grand nom pour lui-même et est entré au paradis. Comment a-t-il réussi ? « [...] Mais celui qui fait la volonté de Dieu demeure éternellement » (1 Jean 2 : 17). Simplement en abandonnant la sécurité que lui procuraient son pays et sa famille, Abram adopta la sécurité qu'apporte l'acceptation de Dieu.

> L'ÉTERNEL dit à Abram : « Va-t-en de ton pays, de ta patrie, et de la maison de ton père, dans le pays que je te montrerai. Je ferai de toi une grande nation, et je te bénirai; je RENDRAI TON NOM GRAND, et tu seras une source de bénédiction. »
>
> Genèse 12 : 1-2

2. Par quel mystère ne rien faire, sur les instructions de Dieu, peut donner de meilleurs résultats que de faire quelque chose

Mystérieusement, la volonté parfaite de Dieu peut signifier que vous devez rester calme et ne rien faire. Il est difficile de ne rien faire quand on est plein de vie et d'énergie. La volonté mystérieuse de Dieu est représentée par l'acceptation de David de ne pas construire le temple.

En obéissant à Dieu et en ne faisant rien pour construire un temple, il a laissé son fils construire le temple de Salomon, célèbre dans le monde entier. Jusqu'à aujourd'hui, le bâtiment que David n'a pas construit est un événement important et constitue un point majeur de l'histoire du monde. N'est-il pas étonnant de voir combien de grandes choses on peut accomplir en ne faisant rien quand Dieu dit « ne fais rien » ?

> La nuit suivante la parole de Dieu fut adressée à Nathan : Va dire à mon serviteur David : Ainsi parle l'ÉTERNEL : ce ne sera pas toi qui me bâtiras une maison pour que j'en fasse ma demeure.
>
> 1 Chroniques 17 : 3-4

3. Par quel mystère limiter votre ministère à un seul groupe de personnes peut vous amener à atteindre tout le monde

La mystérieuse volonté de Dieu se manifeste par la façon dont Jésus a atteint le monde entier en réalisant son ministère uniquement auprès des Juifs. Aujourd'hui, le christianisme est une religion non-juive.

> Jésus étant parti de là, se retira dans le territoire de Tyr et de Sidon. Et voici, une femme cananéenne qui venait de ces contrées Lui cria: « Aie pitié de moi, Seigneur, Fils de David ! Ma fille est cruellement tourmentée par le démon ».
>
> Il ne lui répondit pas un mot, et ses disciples s'approchèrent, et Lui dirent avec insistance : « Renvoie-la, car elle nous poursuit de ses crie derrière nous ». Il répondit : « JE N'AI ÉTÉ ENVOYÉ QU'AUX BREBIS PERDUES DE LA MAISON D'ISRAËL ».
>
> Matthieu 15 : 21-24

4. Par quel mystère la volonté de Dieu peut vous rendre plus productif mort que vivant

La volonté mystérieuse de Dieu est manifestée en Jésus, qui ne parcourait pas le monde entier pour prêcher. Au lieu de cela, en ne continuant pas à prêcher, mais par l'accomplis-sement de Sa mort sur la croix, Jésus-Christ répandit Sa mission dans le monde entier.

> Et voici deux hommes s'entretenaient avec lui : c'étaient Moïse et Élie qui, apparaissant dans la gloire, parlaient de SON DÉPART QU'IL ALLAIT ACCOMPLIR À JÉRUSALEM.
>
> Luc 9 : 30-31

5. Par quel mystère perdre peut amener le gain

> Car celui qui voudra sauver sa vie la perdra, mais celui qui la perdra à cause de moi la trouvera.
>
> Matthieu 16 : 25

Celui qui veut gagner fait tout ce qu'il peut pour éviter de perdre. Pourtant, voici Jésus déclarant que la perte de notre vie est la façon de la gagner. Comment la volonté de Dieu pourrait elle être plus mystérieuse ?

6. Par quel mystère être le dernier peut amener à être le premier

> Plusieurs des premiers seront les derniers et plusieurs des derniers seront les premiers.
>
> Matthieu 19 : 30

N'est-il pas mystérieux que lorsque vous êtes le dernier, vous pouvez être le premier ? Dans toutes les courses que je connais, il est important d'être dans le groupe de tête, ou près de la première ligne si vous voulez avoir la moindre chance de gagner. Pouvez-vous imaginer votre entraineur vous disant : « Sois le dernier dans cette course et tu gagneras la médaille. »

Il n'est pas facile de revenir de l'arrière et de dépasser les gens qui sont loin devant vous. Pourtant, notre Seigneur dit qu'être le dernier peut conduire à être le premier. C'est en effet un mystère. Combien croient qu'ils gagneront la première place en étant le dernier ? Il est temps de cesser de combattre la volonté mystérieuse de Dieu. Il est temps de l'accepter !

7. Par quel mystère ne pas rechercher la richesse peut vous faire gagner de la richesse

Cherchez premièrement le royaume de Dieu et sa justice et toutes ces choses vous seront données par-dessus.

Matthieu 6 : 33

La volonté mystérieuse de Dieu affirme que lorsque vous recherchez Dieu, vous pouvez recevoir des choses que vous ne recherchez pas.habituellement, toute personne qui veut avoir beaucoup d'argent, de nourriture, de vêtements, doit travailler dur pour les acquérir.

Pourtant, Jésus dit : « Ne les cherchez pas, ne les convoitez pas et vous les recevrez ».

8. Par quel mystère faire la volonté de Dieu vous rend proche de Dieu

Quiconque accomplit la volonté de Dieu se rapproche du Seigneur. Il m'est arrivé une fois de parler à un frère qui s'inquiétait de ne plus me voir parce que je l'envoyais dans un pays lointain.

Je lui ai dit : « J'ai remarqué que les gens qui partent en mission sont plus proches de moi que ceux qui restent ici. » Je me suis souvent demandé pourquoi j'étais devenu plus proche des gens qui étaient loin. La réponse était simple. Ils faisaient ce que je leur avais demandé de faire. Vous vous rapprochez toujours de quelqu'un qui fait ce que vous voulez. Jésus a dit, « Car, quiconque fait la volonté de Dieu, celui-là est mon frère, ma sœur, et ma mère ». (Marc 3 : 35).

9. Par quel mystère faire la volonté de Dieu vous amène à prendre d'autres décisions bonnes pour votre vie

Je ne puis rien faire de moi-même: selon que j'entends, je juge; et MON JUGEMENT EST JUSTE, PARCE QUE JE NE CHERCHE PAS MA VOLONTÉ, mais la volonté de Celui qui m'a envoyé.

Jean 5 : 30

Jésus a dit qu'Il avait de bons jugements et prenait de bonnes décisions, car Il faisait toujours la volonté du Père. La bénédiction de suivre toujours la volonté parfaite de Dieu vous permet de faire de bons jugements et de prendre de bonnes décisions.

En suivant le Seigneur, vous vous sauvez de bien des maux que ceux qui ne suivent pas Sa volonté affrontent. Suivre le Seigneur dans le ministère m'a obligé à prendre plusieurs bonnes décisions dans ma vie privée.

Chapitre 5

Être rempli de la connaissance de Sa volonté

C'est pour cela que nous aussi, depuis le jour où nous en avons été informés, nous ne cessons de prier Dieu pour vous et de demander QUE VOUS SOYEZ REMPLIS DE LA CONNAISSANCE DE SA VOLONTÉ, en toute sagesse et intelligence spirituelle,

Colossiens 1 : 9

Quand avez-vous besoin de connaître la volonté de Dieu ? Vous devez trouver la volonté parfaite de Dieu dans tous les domaines importants de votre vie. Voici une liste des principaux domaines pour lesquels vous avez besoin de connaître la volonté du Seigneur.

1. **Soyez remplis de la connaissance de sa volonté concernant votre vocation.**

   Êtes-vous appelés à devenir Pasteur, Prophète, Enseignant, Apôtre ou Evangéliste ?

   Votre vocation doit être conforme à la volonté de Dieu. Vous ne pouvez être un enseignant simplement parce que vous aimez l'enseignement. Vous ne pouvez être un enseignant que par la volonté de Dieu.

   Vous ne pouvez chanter seulement parce que vous aimez chanter. Vous devez chanter parce que c'est la volonté de Dieu que vous y consacriez votre vie. Vous ne devez faire que Sa volonté.

   Lorsque vous débutez dans le ministère, vous pouvez avoir une vocation peu spécifique. Mais avec la maturité, votre ministère devient plus précis. En vieillissant, il devient de plus en plus dangereux de s'aventurer dans des domaines du ministère pour lesquels Dieu ne vous a pas appelé. L'apôtre Paul ne cesse de se présenter comme accomplissant le type de ministère pour lequel il a été appelé par la volonté de Dieu.

> Paul, appelé à être apôtre de Jésus Christ par la volonté de Dieu, et le frère Sosthène.
>
> 1 Corinthiens 1 : 1

> Paul, apôtre de Jésus Christ par la volonté de Dieu, et le frère Timothée, à l'Église de Dieu qui est à Corinthe et à tous les saints qui sont dans toute l'Achaïe :
>
> 2 Corinthiens 1 : 1

> Paul, apôtre de Jésus Christ par la volonté de Dieu, aux saints qui sont à Éphèse et aux fidèles en Jésus Christ :
>
> Éphésiens 1 : 1

> Paul, apôtre de Jésus Christ par la volonté de Dieu, et le frère Timothée.
>
> Colossiens 1 : 1

> Paul, apôtre de Jésus Christ, par la volonté de Dieu, pour annoncer la promesse de la vie qui est en Jésus Christ.
>
> 2 Timothée 1 : 1

Quelle est votre véritable vocation ?

Quand j'ai commencé dans le ministère, je ressentais que j'avais vocation à être un pasteur et un enseignant. Je me suis toujours présenté comme « Pasteur et Professeur » Dag Heward-Mills. C'est ce que j'avais compris à ce moment-là. Au fil du temps, je suis devenu de plus en plus « empli de la connaissance de sa volonté ».

J'ai commencé à comprendre que ma vocation était davantage d'être un Apôtre et un Enseignant qu'un Pasteur et un Enseignant. Il y a une grande différence entre le travail d'un pasteur et celui d'un apôtre.

La mission d'un apôtre a une portée plus large, consistant à établir des églises en différents lieux, tandis que le travail d'un pasteur est de développer une assemblée de fidèles et d'en prendre soin.

Quand il est devenu clair pour moi que j'avais été appelé à être apôtre, plutôt que pasteur, j'ai confié l'église dont j'avais servie pendant vingt ans à une personne qui avait une plus grande vocation à être pasteur. Je savais qu'il serait dangereux pour moi de continuer à être le pasteur de cette unique église.

Chaque année, comme je devins plus « rempli de la connaissance de sa volonté », ma compréhension de mon ministère évolua peu à peu. C'est ainsi que les fonctions que nous assumons changent, alors que passent les années. Ce n'est pas que nous soyons instables ou incertains de ce que Dieu dit, mais nous sommes peu à peu remplis de la connaissance de Sa volonté et notre compréhension de la manière dont Dieu veut nous utiliser se développe.

Il est dangereux d'inverser l'ordre de votre vocation

Kenneth Hagin, dans son livre « I Believe in Visions » raconte comment le Seigneur lui apparut à l'hôpital, après s'être cassé le bras lors d'un service religieux. Le Seigneur lui dit qu'Il l'avait entendu dire à certains pasteurs qu'il avait été appelé à être premièrement enseignant, puis prophète.

Le Seigneur lui expliqua qu'Il avait ouvert la porte qui permettait au diable de l'attaquer, parce qu'il avait inversé l'ordre de son ministère et mis le ministère de l'enseignement avant sa vocation de prophète. Même cela était très dangereux et il avait ouvert une porte permettant à l'ennemi de l'attaquer.

Puis le Seigneur l'avertit qu'il ne vivrait pas au-delà de l'âge de cinquante-cinq ans s'il continuait à inverser l'ordre de ses vocations.

C'est réellement effrayant ! Ne pas vivre au-delà de l'âge de cinquante-cinq ans simplement parce que vous inversez l'ordre de votre vocation ? Imaginez alors ce qu'il peut vous arriver si vous ne répondez pas du tout à votre vocation ! Vous devez être emplis de la connaissance de Sa volonté concernant Son appel.

2. Soyez remplis de la connaissance de sa volonté concernant vos voyages.

Tous les grands leaders savent qu'ils sont vulnérables quand ils voyagent. La volonté parfaite de Dieu est importante quand un ministre organise ses voyages et son ministère. Vous ne pouvez voyager n'importe où, au gré de votre volonté. Vous devez aller dans les endroits où Dieu veut que vous soyez.

Connaître la volonté de Dieu est d'autant plus important lorsque vous planifiez un voyage pour le ministère. Il vaut mieux rester chez soi que d'aller dans un endroit où Dieu ne vous a pas envoyé.

Un rapide examen des voyages de mission de la plupart des pasteurs révèle une tendance intéressante. Nos voyages semblent nous mener vers les régions et les villes les plus riches. Les pasteurs africains semblent être la plupart du temps « conduits par l'Esprit » à implanter des églises en Europe et aux États-Unis.

De même, les pasteurs Américains sont mystérieusement attirés principalement par les États-Unis et par l'Europe. Comment se fait-il que le Saint-Esprit ne dirige pas Ses serviteurs vers les endroits où se trouvent la plupart des âmes ?

Se pourrait-il que quelque chose d'autre guide nos déplacements et nos voyages ? La richesse ou l'absence de richesse pourraient-ils être la vraie motivation des voyages que nous faisons ? Ou faisons-nous ces voyages, car ils sont la volonté de Dieu ?

Cher ami, veillez à ce que chaque voyage que vous entreprenez soit le fait de la volonté de Dieu et non de la volonté de l'argent !

Dieu, que je sers en mon esprit dans *l'Évangile* de son Fils, m'est témoin *que je fais* sans cesse mention de vous, demandant continuellement dans mes prières D'AVOIR

ENFIN, PAR SA VOLONTÉ, LE BONHEUR D'ALLER VERS VOUS.

Romains 1 : 9-10

Maintenant, je vous exhorte, frères, par notre Seigneur Jésus Christ et par l'amour de l'Esprit, à lutter avec moi dans vos prières à Dieu pour moi, que je sois délivré de ces fils de la rébellion en Judée, et *que* les dons que je porte à Jérusalem soient agréés des saints, en sorte que J'ARRIVE CHEZ VOUS AVEC JOIE, SI C'EST LA VOLONTÉ DE DIEU, et que je jouisse au milieu de vous de quelque repos.

Romains 15 : 30-32

3. Soyez emplis de la connaissance de sa volonté chaque fois que vous priez.

La volonté parfaite de Dieu est importante quand un ministre prie. Il est important pour un ministre de prier seulement en fonction de la volonté de Dieu. On ne peut prier uniquement pour tout ce qu'on désire. Vous devez être conduits par l'Esprit dans la prière. Vous pouvez passer des heures à prier en vain pour des choses auxquelles Dieu ne répondra pas. Toute personne importante a quelque chose qu'il désire écouter à un certain moment.

Dieu aussi a des choses qu'il désire entendre. Quand je vais servir le Seigneur, je cherche à savoir à quel sujet Il souhaite que je prie. Un jour, je m'apprêtais à prier pour gagner des millions d'âmes grâce aux croisades. Mais j'ai soudain entendu la voix du Seigneur: « Prie plutôt pour que tu puisses finir ton travail. » J'ai été surpris et un peu effrayé. Toute ma prière a été complètement changée et j'ai commencé à prier afin de finir le travail que Dieu m'avait donné.

Il est temps de commencer à prier selon la volonté de Dieu et de cesser de gaspiller des heures en charabia inutile que Dieu n'écoute pas.

De même, aussi, l'Esprit nous aide dans notre faiblesse, car nous ne savons pas ce qu'il nous convient de demander dans nos prières. Mais l'Esprit lui-même intercède par des soupirs inexprimables; et Celui qui sonde les cœurs connaît quelle est la pensée de l'Esprit, parce que C'EST SELON DIEU *QU'IL INTERCÈDE EN FAVEUR* DES SAINTS.

Romains 8 : 26-27

4. Soyez remplis de la connaissance de sa volonté concernant vos épreuves et tentations.

La volonté parfaite de Dieu est importante quand un ministre traverse les moments difficiles de souffrance.

Ainsi, que CEUX QUI SOUFFRENT SELON LA VOLONTÉ DE DIEU remettent leurs âmes au fidèle Créateur, en faisant ce qui est bien.

1 Pierre 4 : 19

Il est important pour un ministre de ne souffrir que selon la volonté de Dieu. Nombreuses sont les expériences difficiles que nous traversons dans le ministère.

Vous voyez, il y a toujours deux raisons possibles à ce que vous vivez. Vous pouvez être dans la volonté de Dieu, souffrant selon sa volonté, qui est prédéterminée. À l'inverse, vous souffrez peut-être du fait de votre propre désobéissance.

Il est important de rechercher la volonté de Dieu à propos des différentes expériences de souffrances que Dieu vous permet de traverser. Pourquoi souffrez-vous ? Pourquoi vivez-vous cette expérience ?

Paul a expliqué ses différentes souffrances

Tout au long du Nouveau Testament, Paul a expliqué pourquoi il a vécu certaines épreuves. Il recherchait la volonté de Dieu afin de comprendre pourquoi il éprouvait les différentes expériences qu'il traversait.

Quand il souffrait d'une puissante épreuve démoniaque, il recherchait le Seigneur, qui lui disait pourquoi une écharde avait été mise dans sa chair afin de l'empêcher de devenir fier. Le

Seigneur lui expliquait que Satan avait été autorisé à le frapper pour des raisons mystérieuses.

> Et pour que je ne sois pas enflé d'orgueil, à cause de l'excellence de ces révélations, il m'a été mis une écharde dans la chair, un ange de Satan pour me souffleter et m'empêcher de m'enorgueillir.
>
> 2 Corinthiens 12 : 7

À une autre occasion, il a expliqué qu'il avait tant souffert, et qu'il avait été menacé de mort à tel point qu'il n'avait plus confiance en lui-même.

> Et nous regardions comme certain notre arrêt de mort, afin de ne pas placer notre confiance en nous-mêmes, mais de la placer en Dieu, qui ressuscite les morts.
>
> 2 Corinthiens 1 : 9

Toutefois, à une autre occasion, Paul a expliqué que Dieu avait épargné la vie d'Épaphrodite parce que lui, Paul, n'aurait pas été capable de supporter l'épreuve..

> J'ai estimé qu'il était nécessaire de vous envoyer mon frère Épaphrodite, mon compagnon d'œuvre et de combat, par qui vous m'avez fait parvenir de quoi pourvoir à mes besoins. Car il désirait vous voir tous, et il était fort en peine de ce que vous aviez appris sa maladie. Il a été malade, en effet, et tout près de la mort ; mais Dieu a eu pitié de lui, et non seulement de lui, mais aussi de moi, afin que je n'eusse pas tristesse sur tristesse.
>
> Philippiens 2 : 25-27

Paul a également expliqué que c'était à cause de sa vocation apostolique qu'il fit l'expérience de ces coups terribles, des naufrages, de la faim, du vol et de l'emprisonnement. Il a expliqué que le Seigneur avait réservé aux apôtres ce genre de traitement.

> Car Dieu, ce me semble, a fait de nous, apôtres, les derniers des hommes, des condamnés à mort en quelque sorte, puisque nous avons été en spectacle au monde, aux anges

et aux hommes... Jusqu'à cette heure, nous souffrons la faim, la soif, la nudité; nous sommes maltraités, errants çà et là ;

1 Corinthiens 4 : 9,11

Il y a différentes épreuves que j'ai subies dans ma vie et au cours de mon ministère, pour lesquelles j'ai recherché le Seigneur. J'ai eu des expériences difficiles au cours desquelles le Seigneur m'a montré pourquoi Il permettait qu'elles surviennent.

Un jour, le Seigneur m'a dit qu'Il était désolé pour le mal qu'Il m'avait fait subir. Il a ajouté qu'il était nécessaire pour moi de souffrir ces épreuves.

Ne laissez pas l'expérience de vos souffrances passer sans rechercher des explications spirituelles ni la révélation des raisons pour lesquelles elles se produisent.

5. Soyez remplis de la connaissance de sa volonté concernant vos relations.

[...] mais ils se sont d'abord DONNÉS EUX-MEMES AU SEIGNEUR, PUIS À NOUS, PAR LA VOLONTÉ DE DIEU.

2 Corinthiens 8 : 5

La volonté parfaite de Dieu est importante lorsque vous engagez votre vie avec quelqu'un. Dans le ministère, vous pouvez avoir à engager votre vie avec quelqu'un qui va vous former, vous encadrer et vous paterner. Il est important pour vous de ne vous engager envers un autre être humain que selon la volonté de Dieu.

Il y a des années, j'étais en train de lire un livre lorsque l'Esprit Saint me dit de recevoir l'auteur du livre comme un père. Ce fut une instruction importante que l'Esprit Saint me donna. Dieu avait décidé d'utiliser cet auteur et ses écrits pour me guider comme un père peut conseiller un fils.

À plusieurs reprises, j'ai ouvert une page des livres de cet homme et j'ai su immédiatement ce que j'avais à faire dans mon ministère. Maintes et maintes fois, le Seigneur m'a parlé clairement à travers les livres de ce ministre. C'est comme si, à plusieurs reprises, le Saint-Esprit m'avait parlé distinctement.

Vous vous rapprocherez de la volonté parfaite de Dieu en acceptant ouvertement de vous engager auprès de quelqu'un par la volonté de Dieu.

Suivre un homme et se soumettre à lui n'est pas une chose facile à faire. C'est une entreprise parsemée d'embûches et d'épreuves. Si vous ne croyez pas que vous êtes dans la volonté de Dieu, votre expérience d'humilité et de discipline s'achèvera dans la confusion, dans les accusations et dans la ruine de vos relations.

Entretenir des relations sur ce en quoi vous croyez, voilà la volonté de Dieu.

6. Soyez remplis de la connaissance de sa volonté concernant votre vie sexuelle.

> Ce que Dieu veut, c'est votre sanctification; c'est que vous vous absteniez de l'impudicité ; c'est que chacun de vous sache posséder son corps dans la sainteté et l'honnêteté.
> 1 Thessaloniciens 4 : 3-4

La volonté parfaite de Dieu pour un ministre est de s'abstenir de l'immoralité sexuelle. La volonté de Dieu est claire à propos de la fornication. Parce que c'est une des instructions les plus claires du Seigneur, il est important que vous en fassiez de la conduite d'une vie sexuellement pure un de vos objectifs les plus clairs et les plus importants. Restez à l'écart de tous ceux qui voudraient avoir une telle relation avec vous.

Chacun a sa manière de se tenir à l'écart de la fornication.

Vous devez trouver quelle est la volonté de Dieu afin de rester à l'écart de la fornication tout au long de votre vie. Peut être la volonté de Dieu à votre égard est de ne jamais lire certains livres ou regarder certains films et ce peut être la façon pour vous de rester à l'écart de la fornication.

Peut être la volonté de Dieu est que vous vous mariiez très jeune afin de vous garder de la fornication. Peut être la volonté de Dieu à votre égard est-t-elle d'avoir des rapports sexuels avec votre conjoint tous les jours afin de vous garder de la fornication. Peut être la volonté de Dieu est que vous ne viviez jamais dans certains pays qui sont plus immoraux.

Il se peut que la volonté de Dieu à votre égard soit de voyager partout avec votre femme, afin de vous garder de la fornication. Peut être la volonté de Dieu est-t-elle que vous n'ayez pas certains amis, afin d'éviter la fornication.

Il se peut que la volonté de Dieu à votre égard soit de ne jamais travailler avec des femmes ou de ne pas avoir de secrétaires femmes afin de vous garder de la fornication.

Quelle est la volonté de Dieu dans votre cas et dans votre situation spécifique ? Quand il s'agit de conduire son vaisseau en toute sainteté, chacun devrait savoir ce qui fonctionne le mieux pour lui et quelle est la volonté du Seigneur.

> Ce que Dieu veut, *c'est votre sanctification* ; c'est que vous vous absteniez de l'impudicité ;
>
> 1 Thessaloniciens 4 : 3

7. Soyez remplis de la connaissance de sa volonté concernant la croissance de l'église.

> Or, la volonté de celui qui m'a envoyé, c'est que je ne perde rien de tout ce qu'il m'a donné, mais que je le ressuscite au dernier jour.
>
> Jean 6 : 39

La volonté parfaite de Dieu pour un ministre est de ne perdre aucun des fidèles qu'Il lui a confié. Si vous êtes pasteur et que vous voulez connaître la volonté de Dieu, ne cherchez plus, vous avez trouvé l'Ecriture dont vous avez besoin. C'est la volonté de Dieu que vous ne perdiez aucun des fidèles qu'Il vous a confié. Continuez à vous battre pour faire croître votre église.

La croissance de l'Eglise, c'est la volonté de Dieu. Luttez pour garder chaque personne que Dieu attire à votre ministère. Battez-vous pour avoir une méga-église. Enseignez l'engagement et le dévouement. Faites tout votre possible pour ne perdre aucun de vos fidèles. C'est la volonté de Dieu à votre égard. C'est la volonté de Dieu à votre égard que vous luttiez contre les loups qui viennent manger vos brebis. Ne ressentez pas de trouble parce que vous êtes en conflit avec ceux qui essaient de détruire l'église. Si vous répondez avec faiblesse aux rebelles et aux éléments déloyaux dans vos églises, vous ne serez pas en mesure de dire : « de tout ce que vous m'avez donné, je n'ai rien perdu ».

8. Soyez remplis de la connaissance de sa volonté concernant l'achèvement de votre travail sur la terre.

La volonté parfaite de Dieu pour un ministre est de terminer le travail qui lui a été confié sur la terre. La volonté de Dieu est que vous terminiez le travail qu'Il vous a donné. Votre mort survient peu de temps après que vous avez achevé votre travail. Vous restez sur cette terre uniquement à cause de l'inachèvement des travaux qui vous ont été attribués.

Un jour, en servant le Seigneur, je L'ai entendu me dire : « Prie d'achever ton travail. » J'ai reçu un choc et j'ai su que c'était un but spirituel très important que de terminer le travail qu'Il m'avait donné. Voilà la volonté de Dieu à votre égard : que vous finissiez le travail qu'Il vous a donné. Avez-vous achevé votre travail dans votre pays ? Avez-vous achevé votre travail dans votre église ? Avez-vous achevé votre travail dans la vie de vos disciples? Assurez-vous d'achever le travail qu'il vous a été donné de faire.

Un jour, j'ai réalisé que j'avais formé mes disciples à faire beaucoup de choses, mais que je ne leur avais pas appris à construire des bâtiments et à accomplir des tâches administratives. J'avais fait tout le travail de construction et d'administration moi-même. J'ai réalisé qu'ils ne comprenaient même pas comment l'église fonctionnait d'un point de vue administratif.

Tout à coup, j'ai su que je n'avais pas fini mon travail de formation avec eux. J'ai décidé d'arrêter de bâtir et d'accomplir les tâches administratives afin qu'ils aient la possibilité d'apprendre cet aspect caché mais important du ministère.

> Jésus leur dit : Ma nourriture est de faire la volonté de celui qui m'a envoyé, et d'accomplir son œuvre.
>
> Jean 4 : 34

9. Soyez remplis de la connaissance de sa volonté concernant vos ambitions personnelles.

> Car je suis descendu du ciel pour faire, non ma volonté, mais la volonté de celui qui m'a envoyé.
>
> Jean 6 : 38

> Je ne puis rien faire de moi-même : selon que j'entends, je juge; et mon jugement est juste, parce que je ne cherche pas ma volonté, mais la volonté de celui qui m'a envoyé.
>
> Jean 5 : 30

La volonté parfaite de Dieu pour un ministre n'est pas de satisfaire sa propre volonté, mais de faire la volonté de Dieu qui l'a envoyé.

Il est important que VOTRE DÉSIR DEVIENNE DE *NE PAS FAIRE VOTRE PROPRE VOLONTÉ* mais la volonté du Père.

Un ministre qui réussit est quelqu'un qui constamment MET DE CÔTÉ SA PROPRE VOLONTÉ et se soumet à la volonté du Père. Nous avons tous des rêves d'enfance et des ambitions humaines personnelles. Mais aucune ne doit interférer avec la volonté de Dieu pour votre vie et votre ministère.

Peut-être que dans votre enfance vous avez désiriez vivre aux États-Unis. Mais il se peut que la volonté du Seigneur soit que vous viviez et exerciez votre ministère en Afrique. Si une possibilité s'offre à vous de vivre aux États-Unis, Vous devez mettre de côté votre propre volonté et faire la volonté de Dieu.

Chapitre 6

Vingt raisons pour lesquelles vous devez être menés par l'esprit de Dieu

Si tu obéis [...] Dieu, [...] te donnera la supériorité [...]

Deutéronome 28 : 1

1. **Vous devez être conduits par l'Esprit de Dieu afin que le Seigneur puisse vous élever au-dessus de vos collègues et contemporains.**

Israël venait juste de devenir une nation et avait besoin de s'épanouir et de prospérer, comme toutes les nations. La nation naissante d'Israël était entourée par d'autres nations ayant des aspirations similaires. Le Seigneur leur donna la clé qui les mettrait au-dessus de toutes les nations alentours.

Si tu OBÉIS À LA VOIX de l'ÉTERNEL, ton Dieu, en observant et en mettant en pratique tous ses commandements que je te prescris aujourd'hui, l'ÉTERNEL, ton Dieu, te donnera la supériorité sur toutes les nations de la terre.

Deutéronome 28 : 1

Deutéronome 28 : 1 enseigne qu'écouter ou obéir à la voix de Dieu est la clé de l'élévation au dessus de vos contemporains et collègues.

Écouter la voix de Dieu vous élèvera au dessus des autres personnes de la même classe. C'est l'une des premières raisons pour lesquelles vous devez vous laisser conduire par l'Esprit de Dieu.

Il y a plusieurs années, j'ai entendu Kenneth Hagin dire que la différence entre les ministres est leur capacité à être conduits par l'Esprit de Dieu.

Kenneth Hagin a également parlé de la façon dont le Seigneur lui dit qu'Il le ferait riche s'il se laissait guider par l'Esprit. Je le crois aussi. Quiconque suit la voix de Dieu connaîtra une grande prospérité.

La capacité à entendre la voix du Seigneur et de Le suivre est le facteur clé qui différencie les ministres de l'Évangile. Votre réussite dépend de cette capacité. C'est pourquoi il est si important pour chaque pasteur et chaque ministre de servir Dieu et d'*apprendre* comment être guidé par l'Esprit de Dieu. Vous devez apprendre à être conduits par l'Esprit de Dieu dans la volonté parfaite de Dieu.

Dans la volonté parfaite de Dieu, vous trouverez tous vos besoins satisfaits et toutes vos prières exaucées. Dans la volonté parfaite de Dieu, vous vous ajusterez de manière appropriée au plan que Dieu a conçu pour votre vie. Être dans la volonté parfaite de Dieu vous permettra d'atteindre tous les sommets spirituels que Dieu a conçus pour vous et pour votre vocation.

Chaque ministre de l'Évangile doit développer sa capacité dans l'art d'entendre la voix de Dieu. A quoi ressemble la voix de Dieu ? Quelles sont les différentes manières par lesquelles Dieu parle ? Quelles sont les erreurs qu'on peut faire en essayant de suivre la voix de Dieu?

Puisque c'est ceci qui fera la grande différence dans votre vie et dans votre ministère, vous devez accorder la plus grande attention à cet important « art d'entendre » la voix de Dieu. Il est triste que beaucoup de ministres n'accordent pas de temps et d'attention à l'art d'entendre la volonté de Dieu.

2. Vous devez être guidé par l'Esprit de Dieu afin d'être dans la volonté parfaite de Dieu.

Suivre l'Esprit de Dieu dans la volonté parfaite de Dieu doit être votre but.

Parle-t-Il par les livres ?

Parle-t-Il par l'intermédiaire des pasteurs ?

Parle-t-Il par une voix intérieure ?

Parle-t-Il quand je jeûne ?

Si vous ne réussissez pas dans votre quête d'entendre la voix de Dieu, votre ministère n'aboutira à rein. Vous devez chercher à trouver quelle est la volonté de Dieu, ce qui est bon, agréable et parfait (Romains 12 : 2). Tout ministère qui n'est pas conduit dans la volonté parfaite de Dieu n'aboutira pas à grand-chose.

3. **Vous devez être guidé par l'Esprit de Dieu afin d'éviter la volonté imparfaite de Dieu et ses conséquences.**

> L'ÉTERNEL ouvrit la bouche de l'ânesse et elle dit à Balaam : Que t'ai-je fait, pour que tu m'aies frappée déjà trois fois ?
>
> Balaam répondit à l'ânesse : C'est parce que tu t'es moquée de moi; si j'avais une épée dans la main, je te tuerais à l'instant.
>
> L'ânesse dit à Balaam : *NE* SUIS-JE PAS TON ÂNESSE, QUE TU AS DE TOUT TEMPS *MONTÉE* JUSQU'À CE JOUR ? AI-JE L'HABITUDE DE TE FAIRE AINSI ? Et il répondit : Non.
>
> L'ÉTERNEL ouvrit les yeux de Balaam, et Balaam vit l'ange de l'ÉTERNEL qui se tenait sur le chemin, son épée nue dans la main; et il s'inclina, et se prosterna sur son visage.
>
> Nombres 22 : 28-31

Si vous vous engagez dans la volonté imparfaite de Dieu, des forces seront libérés qui s'opposeront à votre mission. Balaam a vu sa propre monture se rebeller contre lui. L'âne qui l'avait servi pendant de nombreuses années se rebella contre lui. Ce qui avait marché pour lui pendant de nombreuses années ne marchaient plus.

Un ange avec une épée fut envoyé du ciel pour le détruire. Pourquoi ? Parce qu'il était sorti de la volonté parfaite de Dieu et qu'il prophétisait sur des sujets qui n'ont pas plu au Seigneur.

Vous ne devez aller qu'en des missions où Dieu vous a envoyé. Vous devez toujours être dans Sa volonté parfaite et non pas simplement dans ce qu'Il permet. Faillir à comprendre ou percevoir la volonté de Dieu est une chose dangereuse pour un ministre de l'Évangile.

4. **Vous devez être guidé par l'Esprit de Dieu afin d'éviter les erreurs.**

VOUS ÊTES DANS L'ERREUR, parce que vous ne comprenez ni les ÉCRITURES, ni la PUISSANCE de Dieu.

Matthieu 22 : 29

Il existe deux types de ministres : ceux qui aiment les rêves, les visions et les choses prophétiques. Les autres aiment la solide Parole de Dieu.

Les gens qui fondent leur vie *seulement* sur la Parole écrite vont facilement vers l'erreur.

D'autre part, ceux qui vivent en suivant principalement les visions et les prophéties sont également sujets à l'erreur.

L'erreur survient lorsque vous êtes *uniquement* guidés par la Parole écrite de Dieu.

L'erreur survient lorsque vous êtes privés de rêves, de visions et de prophéties ! L'erreur survient lorsque vous vivez *seulement* selon les règles et les principes de la Parole de Dieu, mais niez la guidance du Saint-Esprit. Voulez-vous être dans l'erreur ? Voulez-vous vous écarter de la volonté de Dieu ? Bien sûr que non ! Vous devez croire en la Bible, mais vous devez être guidés par l'Esprit de Dieu.

5. **Vous devez être guidé par l'Esprit de Dieu afin d'éviter la futilité de votre esprit.**

Voici donc ce que je dis et ce que je déclare dans le Seigneur, c'est que vous ne devez plus marcher COMME LES PAÏENS, QUI MARCHENT SELON LA VANITÉ

DE LEURS PENSÉES. Ils ont l'intelligence obscurcie, ils sont étrangers à la vie de Dieu, à cause de l'ignorance qui est en eux, à cause de l'endurcissement de leur cœur.

Ephésiens 4 : 17-18

Les chrétiens doivent abandonner le monde et le mode de vie de l'incroyant. Le mode de vie de l'incroyant est caractérisé par le cheminement dans la « futilité de l'esprit ». L'esprit est un don de Dieu. Mais l'esprit par lui-même conduit de nombreux égarés dans les ténèbres et dans la futilité.

Si vous voulez un bon exemple de ce que c'est que de marcher dans la futilité de l'esprit, tournez vos yeux vers L'Europe. Avec leurs esprits, ils ont atteint la perfection dans des domaines tels que la finance, le développement, la santé, l'éducation, etc. Comme ils continuaient à avancer à la lumière de leurs esprits humains, ils se sont perdus dans l'athéisme, l'homosexualité et dans de nombreuses autres perversions.

L'Écriture est claire dans ses mises en garde à propos de la marche dans la « futilité de l'esprit ». C'est là que vient le Saint-Esprit, nous guidant étape par étape, souvent contraire à la pensée naturelle.

C'est encore plus tragique lorsque des ministres de l'Évangile progressent dans la « vanité de leurs pensées », n'écoutant pas l'Esprit et son influence grandement nécessaire.

La voix de Dieu est importante dans tous les aspects de votre vie. Ouvrez tous les aspects de votre vie à la guidance de l'Esprit de Dieu.

Vous pouvez penser que Dieu ne s'intéresse pas à certains aspects de votre vie. Dieu a quelque chose à dire sur tous les aspects de votre vie. Le Seigneur est représenté comme un berger pour Ses brebis. Les brebis sont des animaux qui dépendent fortement des êtres humains pour tout. Si le Seigneur est votre Berger, alors le suivre vous amènera à ne pas désirer ou à n'avoir besoin d'aucun bien.

6. Vous devez être guidé par l'Esprit de Dieu afin que tous vos besoins soient satisfaits.

L'ÉTERNEL est mon berger : je ne manquerai de rien.

Psaume 23 : 1

Le premier signe que vous êtes guidé par la voix du Saint-Esprit est « ne pas désirer ». « Je ne désirerai rien » : voilà ce que vous direz après avoir suivi le Berger pendant un certain temps ! Vous serez en mesure de dire avec David : « Je n'ai besoin de rien, en toutes choses je suis béni ». Pour expéri-menter ceci, vous devez suivre la guidance de l'Esprit.

Ne souhaitez-vous pas faire l'expérience de l'abondance en toutes choses ? Soyez guidés par l'Esprit de Dieu et vous ne manquerez jamais d'aucun bien.

7. Vous devez être guidé par l'Esprit de Dieu afin de vivre dans des endroits frais et reposants.

Le signe que vous êtes conduit par la voix du Saint-Esprit est un havre de paix et de repos. Vous devez suivre le Saint-Esprit jusqu'à ce qu'Il vous donne un mariage et une maison paisible. Sans la guidance du Saint-Esprit dans la volonté parfaite de Dieu, vous ne vous reposerez jamais dans de verts et paisibles pâturages.

Il me fait reposer dans de verts pâturages, Il me dirige près des eaux paisibles.

Psaume 23 : 2

Les verts pâturages parlent de paix et de bonheur. Ils parlent des mariages que nous désirons tous.

Vous ne connaîtrez jamais le vrai bonheur, sauf si vous épousez la personne que Dieu veut que vous épousiez. Si vous le Lui permettez, le Saint-Esprit vous mènera vers un mariage paisible.

8. Vous devez être guidé par l'Esprit de Dieu afin de vivre une vie vertueuse.

Un signe que vous êtes guidé par la voix du Saint-Esprit, c'est que vous arrivez à vivre une vie vertueuse. Vous devez suivre le Saint-Esprit jusqu'à ce qu'Il vous entraîne dans la justice. Fiez-vous à la voix de Dieu pour trouver la *bonne église*, les *bons amis* et la *bonne compagnie*.

Il restaure mon âme, Il me conduit dans les sentiers de la justice, À cause de son nom.

Psaume 23 : 3

Ce psaume montre combien vous êtes dépendant des conseils de Dieu pour mener une vie juste. Beaucoup finissent comme des moins que rien sans postérité dans le royaume de Dieu parce qu'ils ne suivent pas les conseils de l'Esprit dans la volonté parfaite de Dieu.

De nombreuses personnes rejoignent une église simplement parce qu'elles vivent à côté d'elle. D'autres rejoignent une église parce que le pasteur est séduisant ou parce qu'ils aiment la femme du pasteur. Mais il est important d'être guidé par l'Esprit quand vous choisissez une église.

Cela fait toute la différence dans le monde ! Très certainement, vous avez besoin de la direction du Saint-Esprit pour savoir dans quelle l'église aller.

9. Vous devez être guidé par l'Esprit de Dieu afin de ne pas avoir peur de la mort.

Un signe que vous êtes guidé par la voix du Saint-Esprit est l'intrépidité. Vous devez suivre le Saint-Esprit jusqu'à ce qu'Il vous donne une vie sans crainte. Faites confiance à la voix de Dieu pour obtenir *la protection divine*.

Quand je marche dans la vallée de l'ombre de la mort, Je ne crains aucun mal, car tu es avec moi : Ta houlette et ton bâton me rassurent.

Psaume 23 : 4

Le psalmiste dit clairement qu'il était dépendant du Berger pour le protéger. Il a expliqué comment la protection du Seigneur était si puissante qu'il a été capable de déjeuner, alors que son ennemi était proche.

À écouter les informations, on dirait presque que les personnes qui voyagent jouent à la roulette russe. La roulette russe est un jeu dans lequel vous pressez la gâchette d'un revolver qui a une seule des six chambres chargée. Chaque fois que vous pointez le revolver sur votre tête et faites feu, vous avez un risque sur six de mourir.

Si vous êtes malchanceux, la balle sera tirée lorsque vous pressez sur la gâchette. Parfois, il semble que votre vie est un jeu de hasard. Certainement, vous avez besoin de la voix de Dieu afin de choisir la bonne voiture, le bon bus, le bon avion ou le bon train !

Lorsque vous suivez l'Esprit dans la volonté parfaite de Dieu vous pouvez être assuré que vous vivrez aussi longtemps que Dieu le veut et que vous mourrez le jour que Dieu a ordonné.

10. Vous devez être guidé par l'Esprit de Dieu afin d'être oint.

Si vous êtes guidé par l'Esprit de Dieu vous serez comblé par le Saint-Esprit et l'onction. Vous devez suivre le Saint-Esprit jusqu'à ce qu'Il vous comble. Faites confiance à la voix de Dieu pour *l'Onction.*

> **[...] Tu oins d'huile ma tête, Et ma coupe déborde.**
>
> **Psaume 23 : 5**

Sans être dirigé par le Seigneur, vous ne serez jamais oint. L'onction ne viendra pas du ciel toute seule.

Tous les hommes oints ont reçu l'onction en se rapprochant de certaines personnes sur la terre. Dieu devra vous diriger afin que vous entriez en relation avec les hommes oints de Dieu. Jésus dit à Ses disciples : « Suivez moi et je vous ferai [...] » Sans suivre la bonne personne, vous ne parviendrez pas à grand-chose dans le ministère.Certainement, Dieu vous mènera à la bonne personne par le Saint-Esprit.

11. Vous devez être guidé par l'Esprit de Dieu, afin d'apprécier les bonnes choses dans cette vie.

Oui, le bonheur et la grâce m'accompagneront tous les jours de ma vie.

Psaume 23 : 6

L'argent et l'or appartiennent au Seigneur. Si vous cherchez Son visage, il va vous montrer où ils sont cachés !

« L'argent est à moi, et l'or est à moi, Dit l'ÉTERNEL des armées. »

Aggée 2 : 8

Si vous êtes conduit par l'Esprit de Dieu, attendez-vous à trouver l'argent et l'or sur cette terre.

Vous ferez l'expérience de la bonté et de la miséricorde en suivant le Saint-Esprit. Vous devez suivre le Saint-Esprit jusqu'à ce qu'Il vous donne la bonté et la miséricorde. Tous les hommes d'affaires doivent connaître la voix du Saint-Esprit. Sans l'aide de Dieu vous ne parviendrez jamais au sommet.

12. Vous devez être dirigé par la voix de Dieu afin d'aller enfin au paradis.

En suivant le Saint-Esprit vous parviendrez à la ville d'or pur. Si vous suivez le Saint-Esprit tout au long de votre vie sur terre, vous recevrez des couronnes éternelles dans la gloire.

[...] Et j'habiterai dans la maison de l'ÉTERNEL jusqu'à la fin de mes jours.

Psaume 23 : 6

Voulez-vous habiter dans la maison de l'ÉTERNEL jusqu'à la fin de vos jours ? En suivant l'Esprit de Dieu, Il vous conduira sur le chemin de la droiture. Ce qui vous amènera enfin au Paradis. Vous avez besoin du Berger pour vous emmener des verts pâturages à la ville d'or pur.

13. Vous devez être guidé par l'Esprit de Dieu pour éviter de vous trouver en grande difficulté.

Étudier la voix de Dieu peut être un peu effrayant, surtout quand on pense aux conséquences qui peuvent advenir quand vous n'obéissez pas à Sa voix. Il y a des années, j'ai remarqué ce passage des Écritures :

> **Si j'annonce l'Évangile, ce n'est pas pour moi un sujet de gloire, car la nécessité m'en est imposée, et malheur à moi si je n'annonce pas l'Évangile !**
>
> **1 Corinthiens 9 : 16**

Paul était quelqu'un qui estimait qu'il lui arriverait toutes sortes de problèmes s'il ne prêchait pas l'Evangile. Il n'avait pas tort !

En effet, je pense que je peux dire avec Paul : « Malheur à moi, si je ne prêche pas l'Evangile ».

Chaque ministre qui ne prend pas la guidance de l'Esprit au sérieux s'expose à toutes sortes d'attaques dangereuses. Il risquera de perdre l'onction !

Malheur à ceux qui ne passent pas leur vie à prêcher si Dieu les a appelés à la prédication.

14. Vous devez être guidé par l'Esprit de Dieu pour éviter de perdre votre don.

> **Puis il dit à ceux qui étaient là : Otez-lui la mine, et donnez-la à celui qui a les dix mines.**
>
> **Luc 19 : 24**

Cher homme de Dieu, ne pensez pas que vous êtes indispensable. Si vous ne faites pas ce que Dieu veut que vous fassiez, votre ministère vous sera ôté et sera donné à un autre.

Lisez-le vous-même !

Prenez-lui la mine !

Donnez-la à quelqu'un d'autre !

Si Dieu vous a donné une mine, Il peut la reprendre quand Il veut. Nous, les ministres de l'Évangile aimons nous réfugier derrière Romains 11 : 29.

> **Car Dieu ne se repent pas de ses dons et de son appel.**
>
> **Romains 11 : 29**

En raison de ce verset, nous pensons que Dieu n'ôtera jamais son onction. Mais cela ne peut pas être le cas. Ce que ce passage signifie, c'est que Dieu ne change pas d'avis à votre propos. Il ne change jamais Sa décision de vous appeler ou vous employer. **Il ne change jamais Sa décision de vous oindre.**

Si Dieu vous a appelé à être un vaisseau, vous serez toujours un vaisseau. L'histoire du prophète Jonas est un bon exemple de la façon dont Dieu ne change pas d'avis sur les personnes qu'Il veut employer. Jonas ne voulait pas aller là où le Seigneur l'avait envoyé. Il voulait être une personne de bien que tout le monde aime.

> La parole de l'ÉTERNEL fut adressée à Jonas, fils d'Amitthaï, en ces mots :
>
> Lève-toi, va à Ninive, la grande ville, et crie contre elle ! Car sa méchanceté est montée jusqu'à moi.
>
> Et Jonas se leva pour s'enfuir à Tarsis, loin de la face de l'ÉTERNEL. Il descendit à Japho, et il trouva un navire qui allait à Tarsis. Il paya le prix du transport et s'embarqua pour aller avec les passagers à Tarsis, loin de la face de l'ÉTERNEL.
>
> Mais l'ÉTERNEL fit souffler sur la mer un vent impétueux et il s'éleva sur la mer une grande tempête. Le navire menaçait de faire naufrage.
>
> Jonas 1 : 1-4

Toutefois, lorsque la saison de grâce sera terminée, Dieu n'aura pas d'autre choix que de reprendre Sa mine. Il peut avoir à donner cette mine à un autre ministre plus fidèle.

Allez-vous écrire ce livre ?

Je me souviens d'un homme de Dieu à qui le Seigneur parlait d'écrire un livre. Le Seigneur lui dit : « Allez-vous écrire ce livre ? »

Il a répondu : « Oui Seigneur, bien sûr je le ferai ! »

Et le Seigneur lui dit : « Je l'espère, parce que vous êtes la cinquième personne, à qui J'ai demandé d'écrire ce livre. Si vous ne l'écrivez pas, Je vais m'adresser à la sixième personne. »

Cher ami, dans cette histoire, vous voyez deux principes agir ensemble. D'une part, Dieu ne change pas d'avis à propos de l'écriture du livre. D'autre part, Dieu est obligé de choisir quelqu'un d'autre et de lui donner le travail.

Oui, je crois que Dieu ne change pas d'avis à notre sujet. Mais je sais aussi que Dieu peut reprendre sa mine et la donner à quelqu'un d'autre.

> Puis il dit à ceux qui étaient là: OTEZ-LUI LA MINE, et donnez-la à celui qui a les dix mines.
>
> Luc 19 : 24

Gardez le don de Dieu en obéissant à Son appel ! Soyez sensible à Sa voix ! Faites ce qu'Il vous dit de faire et vous réussirez dans le ministère ! Faites ce qui est pénible et difficile plutôt que ce qui est agréable et facile !

> **Et le serviteur inutile, jetez-le dans les ténèbres du dehors, où il y aura des pleurs et des grincements de dents.**
>
> **Matthieu 25 : 30**

L'expression « des pleurs et des grincements de dents » est un peu méconnue de la plupart d'entre nous. On pense souvent qu'elle fait référence à l'enfer et à Hadès. Cependant, la Bible ne dit pas explicitement que les gens iront en Enfer. Elle dit qu'ils pleureront et grinceront des dents dans les ténèbres. Pleurer évoque la tristesse et la douleur associées à la mort. Ce passage pourrait mettre en garde les serviteurs de Dieu sur le fait que le manque d'obéissance pourrait même leur coûter la vie.

15. Vous devez être guidé par l'Esprit de Dieu pour éviter une mort prématurée.

Kenneth Hagin, un grand prophète que je respecte profondément, parlait souvent du fait que des ministres sont morts avant leur temps parce qu'ils n'avaient pas obéi au Seigneur dans leur ministère. Il dit comment il se cassa le bras et fut admis à l'hôpital. Lorsque le Seigneur Jésus lui apparut à l'hôpital, il découvrit que son accident était arrivé parce qu'il n'avait pas pris au sérieux un aspect de son ministère.

Cher ami, faire le travail de Dieu n'est pas une plaisanterie. Ce n'est pas un jeu ! Certains ont eu à souffrir de pleurs et de grincements de dents parce qu'elles n'étaient pas rentables. « Non rentable » signifie simplement « *déficitaire, fonctionnant à perte, infructueux et perdant de l'argent* (Âmes) ».

Lorsque vous perdez des âmes pour le Seigneur, ne vous attendez pas à ce qu'Il soit satisfait de vous. Il peut avoir à vous rappeler ou remplacer.

La photo

Je me souviens d'un témoignage donné par le pasteur de l'une des plus grandes églises du monde. Il décrivait comment en fouillant dans quelques vieilles photos. Il en remarqua une, prise pendant son séjour à l'école Biblique. Il y avait environ cinquante personnes dans sa promotion. Comme il méditait sur l'image, il s'est rendu compte que quarante-cinq de ses camarades de classe étaient morts.

Il se rappela alors que les cinq qui étaient encore vivants étaient les seuls à avoir été sérieux au sujet de la prière au cours de leurs études à l'école Biblique. Il s'est également rendu compte qu'ils étaient les seuls qui avaient pris le ministère au sérieux après l'école Biblique. Parmi les autres, beaucoup étaient devenus soudeurs, menuisiers, avocats, etc. – Et ils étaient tous morts.

Cher ami, l'appel de Dieu est une affaire sérieuse. Dieu ne prend pas à la légère la confiance qu'il a placée en vous. A ceux à qui il a été beaucoup donné, beaucoup est demandé !

[...] On demandera beaucoup à qui l'on a beaucoup donné, et on exigera davantage de celui à qui l'on a beaucoup confié [...]

Luc 12 : 48

Si vous désertez l'armée en temps de guerre, votre châtiment est souvent la peine de mort. Quiconque économise ses dons et ses aptitudes en temps de guerre est maudit.

Maudit soit celui qui fait avec négligence l'œuvre de l'ÉTERNEL, Maudit soit celui qui éloigne son épée du carnage !

Jérémie 48 : 10

Ceux qui obéissent et qui désobéissent

Voici, un homme de Dieu arriva de Juda à Béthel, par la parole de l'ÉTERNEL, pendant que Jéroboam se tenait à l'autel pour brûler des parfums. Il cria contre l'autel, par la parole de l'ÉTERNEL, et il dit : Autel ! Autel ! Ainsi parle l'ÉTERNEL : Voici, il naîtra un fils à la maison de David ; son nom sera Josias ; il immolera sur toi les prêtres des hauts lieux qui brûlent sur toi des parfums et l'on brûlera sur toi des ossements d'hommes ! Et le même jour il donna un signe, en disant : c'est ici le signe que l'ÉTERNEL a parlé : Voici, l'autel se fendra, et la cendre qui est dessus sera répandue.

Lorsque le roi entendit la parole que l'homme de Dieu avait criée contre l'autel de Béthel, il avança la main de dessus l'autel, en disant : saisissez-le ! Et la main que Jéroboam avait étendue contre lui devint sèche, et il ne put la ramener à soi. L'autel se fendit et la cendre qui était dessus fut répandue, selon le signe qu'avait donné l'homme de Dieu, par la parole de l'ÉTERNEL. Alors le roi prit la parole et dit à l'homme de Dieu : Implore l'ÉTERNEL, ton Dieu, et prie pour moi, afin que je puisse retirer ma main. L'homme de Dieu implora l'ÉTERNEL et le roi put retirer sa main, qui fut comme auparavant. Le roi dit à l'homme de Dieu : Entre avec moi dans la maison, tu prendras quelque nourriture, et je te donnerai un présent.

L'homme de Dieu dit au roi : Quand tu me donnerais la moitié de ta maison, je n'entrerais pas avec toi. Je ne mangerai point de pain, et je ne boirai point d'eau dans ce lieu-ci ; car cet ordre m'a été donné, par la parole de l'ÉTERNEL : Tu ne mangeras point de pain et tu ne boiras point d'eau et tu ne prendras pas à ton retour le chemin par lequel tu seras allé. Et il s'en alla par un autre chemin, il ne prit pas à son retour le chemin par lequel il était venu à Béthel.

Or il y avait un vieux prophète qui demeurait à Béthel. Ses fils vinrent lui raconter toutes les choses que l'homme de Dieu avait faites à Béthel ce jour-là et les paroles qu'il avait dites au roi. Lorsqu'ils en eurent fait le récit à leur père, il leur dit : par quel chemin s'en est-il allé ? Ses fils avaient vu par quel chemin s'en était allé l'homme de Dieu qui était venu de Juda. Et il dit à ses fils : sellez-moi l'âne. Ils lui sellèrent l'âne et il monta dessus. Il alla après l'homme de Dieu, et il le trouva assis sous un térébinthe. Il lui dit : Es-tu l'homme de Dieu qui est venu de Juda ? Il répondit : Je le suis. Alors il lui dit : viens avec moi à la maison et tu prendras quelque nourriture. Mais il répondit : Je ne puis ni retourner avec toi, ni entrer chez toi. Je ne mangerai point de pain, je ne boirai point d'eau avec toi en ce lieu-ci ; car il m'a été dit, par la parole de l'ÉTERNEL : Tu n'y mangeras point de pain et tu n'y boiras point d'eau et tu ne prendras pas à ton retour le chemin par lequel tu seras allé.

Et il lui dit : moi aussi, je suis prophète comme toi ; et un ange m'a parlé de la part de l'ÉTERNEL et m'a dit : ramène-le avec toi dans ta maison et qu'il mange du pain et boive de l'eau. Il lui mentait. L'homme de Dieu retourna avec lui et il mangea du pain et but de l'eau dans sa maison.

Comme ils étaient assis à table, la parole de l'ÉTERNEL fut adressée au prophète qui l'avait ramené. Et il cria à l'homme de Dieu qui était venu de Juda : ainsi parle l'ÉTERNEL : parce que tu as été rebelle à l'ordre de l'ÉTERNEL et que tu n'as pas observé le commandement que l'ÉTERNEL, ton Dieu, t'avait donné ; parce que tu es retourné et que tu as mangé du pain et bu de l'eau dans le lieu dont il t'avait dit : tu n'y mangeras point de pain et tu n'y boiras point d'eau, ton cadavre n'entrera pas dans le sépulcre de tes pères.

Et quand le prophète qu'il avait ramené eut mangé du pain et qu'il eut bu de l'eau, il sella l'âne pour lui. L'homme de Dieu s'en alla : et il fut rencontré dans le chemin par un lion qui le tua. Son cadavre était étendu dans le chemin ; l'âne resta près de lui et le lion se tint à côté du cadavre. Et voici, des gens qui passaient virent le cadavre étendu dans le chemin et le lion se tenant à côté du cadavre ; et ils en parlèrent à leur arrivée dans la ville où demeurait le vieux prophète.

Lorsque le prophète qui avait ramené du chemin l'homme de Dieu l'eut appris, il dit : C'est l'homme de Dieu qui a été rebelle à l'ordre de l'ÉTERNEL, et l'ÉTERNEL l'a livré au lion, qui l'a déchiré et l'a fait mourir, selon la parole que l'ÉTERNEL lui avait dite.

1 Rois 13 : 1-26

Dans cette histoire, le Seigneur dit avec précision au prophète ce qu'il doit faire. En obéissant à la voix de Dieu cet homme de Dieu est devenu l'homme des signes et des prodiges. Il eut soudain un ministère en plein essor.

Alors voici un homme de Dieu plein d'expérience retombant dans l'erreur. Saviez-vous que les hommes de Dieu peuvent également retomber dans l'erreur ? Malheureusement, ce jeune prophète a écouté une autre « voix ».

À un certain niveau du ministère, vous pouvez être troublé par les différentes voix qui tentent de vous guider. Assurez-vous de vous en tenir à la Parole de Dieu.

Dans le Nouveau Testament, Paul a explicitement déclaré que les gens tombaient malades et mouraient parce qu'ils n'avaient pas discerné le Corps du Seigneur.

Paul a donné la raison de la maladie et de la mort dans l'église.

Car celui qui mange et boit sans discerner le corps du Seigneur, mange et boit un jugement contre lui-même. C'est pour cela qu'il y a parmi vous beaucoup d'infirmes et de malades et qu'un grand nombre sont morts.

1 Corinthiens 11 : 29-30

Discerner le Corps du Seigneur signifie réaliser ou discerner que vous avez affaire au Corps du Seigneur. Toutes les brebis et les petits agneaux sont le Corps du Seigneur. C'est pour eux qu'Il est mort sur la croix.

Si, par exemple, vous saviez que quelqu'un a son doigt sur la table, vous ne frapperiez pas avec un gros marteau. Vous ne frapperiez pas ce doigt parce que vous savez qu'il fait partie de son corps.

Si vous ne réalisez pas que l'Eglise est le Corps du Christ, vous aurez des ennuis. Ces brebis, ces personnes, sont celles pour lesquelles le Seigneur a versé son sang ! Elles sont Son Corps ! Lorsque vous les abandonnez, c'est comme si vous abandonniez votre bouche (une partie de votre corps) en ne vous brossant pas les dents pendant des mois. Vous pouvez imaginer pourquoi le Seigneur se fâche contre des ministres qui négligent Son corps.

16. Vous devez être guidé par l'Esprit de Dieu pour éviter d'être remplacé.

Jésus est mort pour les petits agneaux. Il nous a dit « allez-y ! » Il nous a dit de nourrir Ses petits agneaux. Un jour, le Seigneur est devenu très en colère contre Ses bergers. Regardez ce qu'Il leur dit. Il a dit qu'Il prendrait la relève et guiderait le peuple Lui-même.

C'est pourquoi, pasteurs, écoutez la parole de l'ÉTERNEL ! Je suis vivant ! dit le Seigneur, l'ÉTERNEL,

parce que mes brebis sont au pillage et qu'elles sont devenues la proie de toutes les bêtes des champs, faute de pasteur, parce que mes pasteurs ne prenaient aucun souci de mes brebis, qu'ils se paissaient eux-mêmes, et ne faisaient point paître mes brebis, à cause de cela, pasteurs, écoutez la parole de l'ÉTERNEL ! Ainsi parle le Seigneur, l'ÉTERNEL : voici, j'en veux aux pasteurs ! Je reprendrai mes brebis d'entre leurs mains, je ne les laisserai plus paître mes brebis, et ils ne se paîtront plus eux-mêmes; je délivrerai mes brebis de leur bouche, et elles ne seront plus pour eux une proie. CAR AINSI PARLE LE SEIGNEUR, l'ÉTERNEL: VOICI, J'AURAI SOIN MOI MÊME DE MES BREBIS ET J'EN FERAI LA REVUE
                                             Ezéchiel 34 : 7,8,10,11

Une nuit, dans un hôtel en Amérique du Sud, Le Seigneur m'a parlé de Son œuvre. Je n'avais jamais entendu le Seigneur parler aussi tristement que ce soir-là. Il a parlé du fait que personne ne se souciait de son œuvre. Il m'a dit que tout le monde menait ses propres affaires. Il m'a dit : « Nul ne se soucie de mon œuvre. » J'ai trouvé cela très triste, mais réel.

Lorsque nous n'obéissons pas au Seigneur, en réalité nous négligeons Ses brebis. Jésus demanda à Pierre s'il allait nourrir les brebis. Pierre fut surpris, se demandant pourquoi le Seigneur lui demandait cela. « Après trois ans de formation qu'attendez vous de moi ?" A t'il dû penser. Mais le Seigneur sait combien de ministres abandonnent Son œuvre pour d'autres activités !

Quand un ministre néglige ou abandonne l'œuvre de Dieu, le Seigneur se met en colère. C'est la raison pour laquelle Il déplace et remplace souvent les hommes de Dieu par de nouvelles personnes.

Une vision de remplacement

Un jour j'ai eu une vision étrange. Dans cette vision, j'ai vu un homme être soulevé de son fauteuil par le cou. Je ne vis pas qui était cet homme. Tout à coup, je me suis retrouvé soulevé par le cou et placé dans son fauteuil.

Après cela le Seigneur m'a dit que je remplaçais quelqu'un dans le ministère. Cher ami, je vous le dis, j'ai eu peur ! Je n'avais pas peur de remplacer quelqu'un. Au contraire, je craignais d'être remplacé par quelqu'un d'autre un jour. Cette vision est Biblique parce que c'est arrivé de nombreuses fois dans les Écritures.

Samuel remplaça Elie ! David remplaça Saul ! Elisha remplaça Elie ! Josué remplaça Moïse ! Esther remplaça Vashti !

[..] et tu oindras Élisée, fils de Schaphath, d'Abel Mehola, pour prophète à ta place.
1 Rois 19 : 16

Vous avez une place dans le ministère. Cependant, ce n'est pas une place permanente. Elle peut être donnée à quiconque la mérite. Rappelez-vous toujours qu'il y a des gens prêts à vous remplacer si vous n'avez pas obéi à la voix de Dieu. Obéissez à la voix de Dieu pour éviter d'être remplacé !

17. Vous devez être guidé par l'Esprit de Dieu afin de demeurer en présence de Dieu.

La voix du Seigneur est l'un des signes cardinaux de sa présence. Pensez-y ! Quand quelqu'un est présent dans une maison, vous entendez sa voix. Quand une personne meurt et n'est plus là, vous n'entendez plus sa voix parce qu'elle n'est plus présente.

Vous remarquerez que les ministres qui entendent Dieu ont une certaine aura et une présence autour d'eux. C'est parce qu'ils sont assez proches de Sa présence et entendent Sa voix.

Il s'agit d'une révélation importante, car elle vous aide à ne pas dépendre de choses qui ne sont pas des signes certains de sa présence.

La réussite et la richesse ne sont pas des signes de la présence de Dieu. Il est vrai que la présence d'une personne peut signifier que le frigo sera plein de nourriture.

Mais la souffrance et les expériences affligeantes ne signifient pas que Dieu n'est pas avec vous. Paul traversa beaucoup d'épreuves difficiles, mais il a dit que rien de tout cela ne pourrait le séparer de l'amour de Dieu.

Un signe certain de la présence de Dieu et de l'onction est Sa voix. Recherchez Sa voix chaque jour. Ne laissez pas Sa voix pâlir et s'évanouir.

18. Vous devez être guidé par l'Esprit de Dieu afin de ne pas L'affliger.

N'attristez pas le Saint Esprit de Dieu, par lequel vous avez été scellés pour le jour de la rédemption.

Ephésiens 4 : 30

Suivre le Saint-Esprit est important afin de ne pas Le peiner. Si le Saint-Esprit essaie de vous guider et que vous Le repoussez, Il sera affligé. Quelqu'un qui est souvent réduit au silence lors de réunions s'afflige. Quelqu'un qui est souvent ignoré est attristé ne donne pas le meilleur de lui même.

Lorsque vous ignorez la voix du Saint-Esprit, Il est attristé et ne vous donne plus Ses conseils. Vous pouvez avoir le Saint-Esprit à votre disposition, mais Il sera attristé et inactif dans votre vie.

19. Vous devez être guidé par l'Esprit de Dieu afin de ne pas l'éteindre.

N'éteignez pas l'Esprit.

1 Thessaloniciens 5 : 19

Si vous continuez à ignorer le Saint-Esprit vous allez finir par éteindre Sa voix dans votre vie. C'est plus grave que de Le chagriner. L'affliction évoque une pause dans la guidance du Saint-Esprit, mais l'extinction évoque un feu éteint. Quand un feu est éteint, c'est de manière définitive.

L'apport du Saint-Esprit à votre vie peut être définitivement supprimé. Ne réduisez pas le Saint-Esprit au silence permanent dans votre vie.

20. Vous devez être guidé par l'Esprit de Dieu afin de ne pas Le mettre en colère.

De quel pire châtiment pensez-vous que sera jugé digne celui qui aura foulé aux pieds le Fils de Dieu, qui aura tenu pour profane le sang de l'alliance, par lequel il a été sanctifié, ET QUI AURA OUTRAGÉ L'ESPRIT DE LA GRÂCE ?

Hébreux 10 : 29

Après avoir affligé ou éteint le Saint-Esprit, vous pouvez entrer dans une dimension très dangereuse par rapport au merveilleux Saint-Esprit qui a vous été donné comme guide dans cette vie. Vous pouvez l'insulter et le mettre en colère.

Ne pas apprécier quelqu'un et agir avec arrogance peut être insultant.

Ignorer, éteindre et mettre de côté l'Esprit de grâce pendant des années peut équivaloir à proférer des insultes très graves. Vous devez obéir à la voix de l'Esprit afin de ne pas vous rendre coupable d'insulte envers le puissant Saint-Esprit.

Chapitre 7

Douze types de voix différentes

Quelque nombreuses que puissent être dans le monde les diverses langues, il n'en est aucune qui ne soit une langue Quelque nombreuses que puissent être dans le monde les diverses langues, il n'en est aucune qui ne soit une langue inintelligible.
1 Corinthiens 14 : 10

L'un des plus grands désirs de chaque véritable chrétien est de connaître la volonté de Dieu. Avec très peu d'expérience, tout le monde peut affirmer que sa vie peut prendre de nombreuses tournures. Nous nous arrêtons très souvent à la croisée des chemins pour nous poser la question suivante : « Quel chemin est le meilleur ? » Si vous prenez le mauvais chemin, les conséquences peuvent être dévastatrices. Si vous épousez la mauvaise personne, les conséquences peuvent être terribles. Si vous adhérez à la mauvaise église, les conséquences peuvent être éternelles.

La plupart du temps, lorsque nous prenons des décisions, nous sommes incapables de revenir sur nos pas. En d'autres termes, bon nombre de décisions sont irréversibles. C'est pourquoi, nous devons connaître la volonté de Dieu afin de pouvoir être guidés tout au long de notre chemin.

Même les incrédules veulent connaître l'avenir

Les incrédules ont les moyens de savoir ce qui leur convient le mieux. Bon nombre d'entre eux consultent des bonimenteurs, des astrologues et des diseurs de bonne aventure. Ils ont font confiance aux faux prophètes et aux pouvoirs occultes. Eux aussi sont conscients de la nécessité de connaître ce qu'il doit advenir. On dit souvent que les politiciens africains consultent très régulièrement les détenteurs de ces pouvoirs. Ils leur demandent conseils et protection. Les équipes africaines de football consultent aussi ces médiums. Cependant, vous remarquerez qu'aucun de ces moyens occultes ne leur ont permis de parvenir à leurs buts.

En tant que chrétiens, il est inutile de consulter les puissances sataniques pour connaître l'avenir. Dieu nous a gracieusement donné le Saint Esprit pour nous guider. Vous laisser conduire par le Saint Esprit est une preuve que vous êtes un véritable chrétien.

Car tous ceux qui sont conduits par l'Esprit de Dieu sont fils de Dieu.

Romains 8 : 14

Dans l'Ancien Testament, seul le prophète connaissait la volonté de Dieu. De nous jours, il convient de savoir que l'Esprit Saint a été donné à tout le monde. Nous vivons actuellement dans une période de grâce. Nous avons tous l'Esprit Saint en nous et pouvons tous être guidé par l'Esprit de Dieu. Il nous est possible de connaître la volonté de Dieu. C'est de cette question que traite ce livre :

« Comment connaître la volonté de Dieu » et « Comment se faire guider par l'Esprit de Dieu. »

Douze types de voix différentes

La première chose à savoir à propos de la volonté de Dieu est qu'il existe plusieurs types de voix dans ce monde et que toutes essaient de vous influencer. La capacité à choisir la bonne voix et à écouter cette voix est la capacité à se faire guider par l'Esprit de Dieu.

Dieu veut nous délivrer de l'emprise du mal et pour cela Il a envoyé son Esprit nous guider au cours de notre vie afin que nous ne commettions pas des erreurs tragiques. Satan, qui est l'ennemi de Dieu et une puissance opposée, tente de nous mener dans la mauvaise direction ou du moins nous dérouter. Quelles sont les voix qui tentent de nous influencer ? Il existe plusieurs possibilités dont vous devez être conscients :

1. La voix de Dieu ;
2. La voix de la chair ;
3. La voix de l'esprit ;
4. La voix du diable ;
5. La voix d'un prophète;
6. La voix de la Bible ;
7. La voix de vos amis ;
8. La voix de vos parents ;
9. La voix de votre esprit ;
10. La voix de votre conjoint ;
11. La voix des circonstances ;
12. La voix de votre propre volonté.

Toutes ces voix et bien d'autres sont probablement une réalité dans votre vie. Selon votre personnalité, vous serez plus ou moins influencé par ces voix. Un jeune peut prétendre avoir entendu la voix de Dieu, l'intimant d'épouser une belle et jeune femme de son église. Il peut s'approcher de la jeune femme et lui déclarer : « Dieu m'a parlé la nuit dernière. » Est-ce que ce jeune homme dit la vérité ? A-t-il effectivement entendu la voix de Dieu ?

J'aimerais ici clarifier un point. Il existe au moins douze voix différentes que ce jeune homme aurait pu entendre Il peut avoir entendu la voix de la circonstance l'invitant à se marier avec cette jeune femme ou il peut avoir entendu la voix de la chair, le rendant désireux du sexe opposé. Il peut aussi avoir véritablement entendu la voix de Dieu. Aucune de ces voix ne doit être ignorée. Il est important de connaître la voix qui nous guide.

L'âne assoiffé

Je me souviens toujours de l'histoire de l'âne assoiffé qui est parti pour un long voyage à travers le désert. Au terme de ce voyage éreintant, l'âne était fatigué, affamé et assoiffé.

Alors qu'il se traînait dans le dessert, il remarqua deux tas de foin à deux extrémités opposées de l'horizon.

L'âne s'est alors dit : « Voilà de la nourriture ». Puis, il s'est rendu compte que les deux tas de foin se trouvaient très loin l'un de l'autre.

L'âne, étant « chrétien », décida d'abord de s'enquérir de la volonté de Dieu pour savoir lequel des deux tas de foin se rapprocher. L'âne décida de prier. En baissant la tête pour faire sa prière, il remarqua un seau d'eau près du tas de foin situé à sa droite. L'âne fit alors une prière simple mais puissante et dit : « Ô mon Dieu, je désire connaître votre volonté concernant la direction que je dois prendre. Dois-je aller vers le tas de foin situé à ma droite ou vers celui situé à ma gauche ? »

Après avoir prié, l'âne reprit ses esprits et se mis à marcher vers l'un des tas de foin. Vers quel tas de foin pensez-vous que l'âne s'est dirigé ? Le tas situé à sa droite ou celui situé à sa gauche ? Eh bien, lorsqu'on lui a posé la question, l'âne a déclaré : « Dieu m'a dirigé vers celui qui se trouvait à ma droite ».

Tout le monde aurait pu prédire que l'âne aurait déclaré que Dieu l'avait dirigé vers le tas de foin situé à sa droite. Toutefois, vous et moi savons que c'est probablement le seau d'eau qui l'avait attiré vers le tas de foin situé à sa droite. Soyons honnêtes ! Disons la vérité ! Est-ce réellement l'Esprit de Dieu qui nous guide ou plutôt la voix de la chair et des circonstances ?

Chaque fois que quelqu'un prétend avoir été dirigé par l' « Esprit de Dieu », il faut se rappeler qu'il existe plus de douze possibilités distinctes. La voix qu'il prétend entendre n'est que l'une parmi plus de douze possibles. Est-ce la voix de ses amis ? Est-ce la voix de son épouse ? Est-ce la voix des circonstances ? Qu'est-ce qui le guide réellement ?

Trois en un jour !

J'ai appris l'histoire d'un homme qui devint proche de trois sœurs chrétiennes en même temps. Il se trouvait que cet homme fréquentait la même école biblique que trois dames qui avaient son âge. Ils prenaient par au cours ensemble, ils priaient ensemble et ils allaient à l'église ensemble. Au fur et à mesure que le temps passait, ils devinrent les membres d'une famille très proche. Il existait véritablement entre eux une amitié et un amour chrétiens. Ce frère chrétien était un jeune homme très attentionné. Il était aussi très beau et avait de toute évidence un avenir de ministre prometteur. Il était très doué pour administrer des conseils et semblait avoir une oreille attentive et patiente pour les problèmes des autres.

Au terme du programme, une chose intéressante s'est produite. Au moment de la remise de diplôme, chacune des trois sœurs chrétiennes se sont approchées de ce frère plein de compassion avec un « message » venant du Seigneur. Chacune déclara (à l'insu des autres) : « Dieu m'a parlé de toi, m'annonçant que nous allions passer le restant de nos jours et de notre ministère ensemble ». En d'autres termes, Dieu aurait prétendument demandé à chacune de ces filles d'épouser le frère. Le frère était extrêmement surpris. Il leur dit : « merci de me confier ce secret, mais Dieu ne m'en a pas encore parlé ». Il n'épousa aucune de ces trois filles. Il finit par épouser quelqu'un d'autre.

J'ai trouvé cette histoire vraie très intéressante. Elle illustre parfaitement l'idée que je suis en train de développer. Chacune de ces trois filles a prétendu avoir entendu la voix de Dieu. Cependant, comme je l'ai dit, il y a plusieurs possibilités pour chaque déclaration. Comment est-ce que Dieu peut demander à trois personnes différentes, en même temps, d'épouser un seul homme ? Sa parole ne déclare-t-elle pas qu'un homme ne doit épouser qu'une seule femme ?

Elles écoutaient de toute évidence la voix de leur propre chair. Cela pourrait aussi être la voix de leurs pensées. Elles ont prétendu que la voix de leur chair était la voix de Dieu. Ces trois filles se sont ridiculisées. Vous pouvez éviter d'être ridiculisé en apprenant à distinguer entre la voix de l'Esprit et d'autres voix. C'est le sujet que traite ce livre : comment reconnaître la voix de Dieu et comment suivre l'Esprit Saint jusqu'au bout ! Dans les chapitres suivants, je traiterai de certains aspects relatifs à ces différentes voix et de la manière de les distinguer.

> **Que le Dieu de paix vous sanctifie lui-même tout entiers, et que tout votre être, l'esprit, l'âme et le corps, soit conservé irrépréhensible, lors de l'avènement de notre Seigneur Jésus Christ !**
>
> **1 Thessaloniciens 5 : 23**

L'homme est constitué d'un esprit, d'une âme et d'un corps. Le verset ci-dessus l'indique clairement. Chacune de ces composantes de l'être humain possède sa voix.

Le processus de votre pensée et de votre raisonnement sont les voix de votre esprit. Dieu n'a jamais voulu nous défaire de notre esprit. De nombreuses personnes arrêtent de raisonner et de penser lorsqu'elles deviennent chrétiennes. Il existe un apriori absurde selon lequel il n'est pas bon de raisonner ou de comprendre les choses dès que vous fait partie du royaume de Dieu. Il existe un sentiment selon lequel si vous être un être spirituel, il n'est pas bon de raisonner sur quoique ce soit. Cette assertion a conduit à plusieurs désastres dans cette vie.

Quatre éléments que chaque chrétien doit savoir sur la voix de l'esprit

1. L'esprit est un bien très précieux pour chaque chrétien et pour chaque ministre.

Je suis persuadé que l'esprit est l'un des dons les plus merveilleux que Dieu ait donné à chaque homme. L'esprit est l'un des ordinateurs les plus complexes du monde d'aujourd'hui. C'est un don que vous êtes censé utiliser. Même si vous êtes à nouveau converti, vous êtes censé utiliser votre esprit. Même si vous êtes un leader spirituel, vous êtes censé utiliser votre esprit.

Lorsque vous devez prendre la décision d'épouser ou pas quelqu'un, vous devez d'abord utiliser votre esprit. Vous devez vous demander : « D'où vient cette personne ? Quel âge a-t-elle ? Quelle éducation a-t-elle eue ? Quelle est son origine familiale ? Quelle langue parle-t-elle ? »

La différence entre les hommes et les animaux

Lorsque je dois prendre des décisions dans mon ministère, je ne le fais pas simplement en priant. Je réfléchis aux choses ! Je les analyse ! Dieu m'a donné un esprit et je compte l'utiliser chaque jour. Quelle est la différence entre un être humain et un animal ? L'être humain dispose d'un cerveau plus développé. Ceci lui donne un esprit avec une capacité de réflexion plus grande. C'est l'utilisation de leur esprit qui a permis aux être humains de dépasser et de dominer tous les animaux.

Nous, les humains avons une ascendance sur les animaux sauvages et dangereux. Nous contrôlons les reptiles venimeux et mortels à l'aide de notre esprit supérieur. Nous capturons des animaux tels que des éléphants et des baleines qui sont des centaines de fois plus grands que l'homme. Nous les gardons en cage et les observons à loisir. Qu'est-ce qui nous donne un tel pouvoir ? C'est l'utilisation de notre esprit supérieur.

La différence entre les hommes même

Même parmi les êtres humains, ceux qui ont encouragé l'usage de l'esprit ont fini par régner sur ceux qui n'ont pas suffisamment utilisé leur esprit. Les personnes éduquées (à l'esprit développé) règnent sur les personnes non éduquées. Allez dans Presque toutes les institutions et vous vous rendrez compte que les personnes éduquées occupent les fonctions les plus élevées que les personnes non éduquées. Elles ont les salaires les plus élevés et sont mieux traitées.

Dans un monde très sophistiqué, les inventeurs de voitures et d'avions dominent des millions de personnes qui n'ont pas utilisé leur esprit pour créer de telles choses. Les inventeurs et les fabricants de télévisions, vidéos et téléphones ont plus d'argent que ceux qui ne font que les acheter et les utiliser. À cause du complexe système financier mondial, nombre de ceux qui sont officiellement libres de l'esclavage sont victimes d'une forme améliorée d'esclavage mental et financier.

Ceux qui savent comment transformer les fèves de cacao en chocolat et autres sucreries ont plus pour de pouvoir que ceux qui ne savent que récolter le cacao dans une plantation. Le développement des machines et de matériels complexes utilisés pour transformer les matières premières en produits finis nécessite davantage l'utilisation de l'esprit.

En gros, le monde est divisé en deux : ceux qui ont utilisé le don par Dieu d'un super esprit et ceux qui ne l'ont pas utilisé !

2. **N'abandonnez pas votre esprit parce que vous êtes devenu quelqu'un de spirituel.**

Faites un sondage de certaines églises. Ceux qui mettent l'accent sur les choses émotionnelles et spirituelles, en excluant absolument tout raisonnement rationnel, finissent par sombrer. Dieu ne veut pas que vous abandonniez votre esprit du fait que vous êtes une personne spirituelle. J'estime que je suis une personne très spirituelle. Je passe des heures chaque semaine à prier. Je crois que la Bible est l'autorité finale de décision sur toutes les questions de doctrine. Cependant, cet état de chose ne m'empêche pas de raisonner et de rationnaliser les choses. Si vous arrêtez d'utiliser votre esprit, même dans le monde spirituel, vous vous rabaissez de l'état auquel Dieu vous a destiné.

Comment traverser une route

Quelqu'un a voulu savoir la volonté de Dieu à propos de son mariage. Alors je lui ai dit: « Connaissez-vous l'autoroute Kaneshie-Mallam (une autoroute très grande et dangereuse dans la ville d'Accra dans mon pays, le Ghana) ? »

« Oui, je connais » a-t-il répondu

« Si vous voulez traverser cette route que ferez-vous? » lui ai-je demandé

Il a commencé à me répondre, mais je l'ai arrêté.

Puis, je lui ai dit : « je sais ce que vous feriez ! Vous allez fermer les yeux et demander au Seigneur de vous parlez et de vous dire à quel moment exactement il faudra traverser ».

Il a souri.

« Feriez-vous cela ? » ai-je demandé

« Je ne sais pas » a-t-il répondu.

Puis j'ai poursuivi : « si vous faites quelque chose de ce genre vous pourriez vous faire tuer sur le champ ». La forme la plus élevée de la stupidité est de refuser de réfléchir lorsque vous devez prendre des décisions importantes.

Je lui ai donc déclaré : « Dieu n'est pas l'auteur de la bêtise ». Il ne veut pas que vous fermiez les yeux et écoutiez la voix de l'Esprit vous indiquer à quel moment traverser. Il vous a donné des yeux pour voir et un esprit grâce auquel vous pouvez prendre des décisions justes. C'est comme si vous aviez de l'argent dans votre poche qui vous a été offert par Dieu pour résoudre vos problèmes. Cependant, vous faites appel à lui et vous lui demandez de l'argent. Alors que vous aviez de l'argent dans votre poche.

Qu'est-ce que Dieu vous déclare ? Dieu vous dit qu'il est à nouveau temps de réfléchir. Il est temps d'être éduqué. Il est temps de raisonner. Si vous êtes un pasteur, ne prenez seul pas toutes les décisions. Quand il s'agit des finances, réfléchissez et utilisez les cerveaux des comptables de profession. En ce qui concerne les affaires juridiques, faites confiance et acceptez les cerveaux des avocats de profession. Quant au développement de l'église, lisez et apprenez tout ce que vous pouvez.

3. L'association de la voix de l'Esprit-Saint et de la voix de l'esprit conduira à votre promotion dans la vie et dans le ministère.

L'Esprit Saint n'est pas l'auteur de la bêtise et de l'absurdité. Arrêtez de prétendre que l'Esprit vous dit des choses alors que ce n'est pas le cas ! Il y a plusieurs choses pour lesquelles je ne prie pas, elles font tout simplement l'objet d'une réflexion de ma part. La Bible déclare que le Christ est pour nous non seulement un pouvoir mais aussi de la sagesse.

[...] le Christ, puissance de Dieu et sagesse de Dieu.

1 Corinthiens 1 : 24

Jésus Christ qui vit en nous, nous rend sages et non stupides. Si vous désirez être promu dans cette vie, soyez sage. La sagesse se manifeste à travers l'esprit. La Bible déclare que la sagesse est l'élément principal. Par conséquence, dans tout ce que vous faites, soyez sage.

Exalte-la [la sagesse] et elle t'élèvera, elle fera ta gloire si tu l'embrasses ;

Proverbes 4 : 8

Votre élévation et votre gloire sont en vue lorsque vous commencez à vous conformer à la sagesse de Dieu. N'oubliez jamais que c'est la sagesse qui a fait sortir Joseph de la prison du palais du roi. C'est aussi la sagesse qui a hissé Daniel au rang de premier ministre et de vice-président dans trois gouvernements successifs. C'est encore la sagesse et l'utilisation de l'esprit qui a rendu Salomon l'homme le plus riche de la terre.

La sagesse est l'utilisation intelligente de votre capacité de réflexion. **La sagesse est la capacité à prendre les bonnes décisions en fonction des informations qui sont à votre disposition. La sagesse est la capacité à ne pas ignorer les faits réels lorsqu'ils sont devant vous.**

4. L'excès de raisonnement peut vous rendre fou.

Toutefois, il existe un danger avec la voix de l'esprit, le danger de trop raisonner au point de devenir fou. La connaissance et la réflexion sans la présence de Dieu vos rendra fou.

Les défenseurs de la théorie de l'évolution ont raisonnés à travers un labyrinthe de faits réels scientifiques relatifs à l'évolution des êtres créés. Ils ont observé certains aspects et ont émis certaines théories. Toutefois, lorsqu'ils sont arrivés ou niveau où ils devraient aborder la question de l'origine de tous les êtres créés, ils ont commencé à tergiverser et à se ridiculiser.

L'art d'entendre

Il n'y a rien d'aussi ridicule que de déclarer que cette création complexe, fantastique et parfaite de Dieu s'est réalisée à travers une explosion (La Théorie du Big Bang). A l'école de médecine, j'ai disséqué pendant un an et demi le corps d'un homme mort. Je me suis personnellement rendu compte ô combien extraordinaire et merveilleux est la création de Dieu.

C'est pourquoi la Bible déclare seul un insensé dit qu'il n'y a pas de Dieu. Personne ne peut me dire qu'une explosion qui aurait eu lieu en Allemagne peut avoir créé une voiture Mercedes-Benz. Cela est vraiment insensé !

Bien que vous deviez développer votre esprit, la parole de Dieu et son Esprit sont supérieurs à tous les raisonnements de l'homme. Vous devez laisser la sagesse de Dieu surpasser la sagesse de l'homme.

Où est le sage ? Où est le scribe ? Où est-il, le disputeur de ce siècle ? Dieu n'a-t-il pas convaincu de folie la sagesse du monde ?
1 Corinthiens 1 : 20

Car la folie de Dieu est plus sage que les hommes, et la faiblesse de Dieu est plus forte que les hommes.
1 Corinthiens 1 : 25

Il arrive que Dieu vous indique un chemin à suivre et que cela n'ait pas l'air sage. Lorsque j'ai quitté ma noble profession médicale pour le ministère, nombreux sont ceux qui ont cru que j'étais devenu fou. Mes parents étaient affligés et les membres de ma famille étaient inquiets. Ils n'arrivaient pas à voir un sens à ce que je faisais. « Pour quelle raison quelqu'un quitterait une carrière aussi prometteuse pour une aventure semble-t-il incertaine et stérile ? » m'ont-ils demandé

Mais je savais que Dieu avait fait appel à moi et qu'à ces moments-là le raisonnement normal doit céder place à la voix de Dieu.

Le véritable problème demeure le fait que beaucoup de chrétiens ne font pas du tout usage de leur esprit. Ils continuent de prétendre que toute aventure farfelue sur laquelle ils s'embarquent est guidée par la voix surnaturelle de Dieu.

Il est temps de remettre la voix de votre esprit à sa véritable place.

Chapitre 8

La voix de la Bible

La Bible contient la Parole écrite de Dieu. C'est une source d'orientation fiable pour nous tous. La Parole de Dieu est une voix silencieuse. Comment une voix peut-elle être silencieuse ? Les voix silencieuses sont un groupe de voix que l'Esprit Saint utilise pour nous guider. Elles sont silencieuses du fait que vous n'entendez personne vous parler de manière audible. Cependant, il y a des moyens communément employé par l'Esprit Saint pour nous guider tous. Figurez-vous que se laisser guider par l'Esprit de Dieu n'est pas une chose aisée. De nos jours, les êtres humains communiquent à travers des discours, le toucher, les expressions du visage, les correspondances, le fax, les téléphones, la télévision, le courriel, etc. Il existe également plusieurs méthodes à travers lesquelles Dieu communique avec ses enfants. L'une de ces méthodes demeure la Parole écrite de Dieu.

La Parole de Dieu

La Parole de Dieu nous a été donnée pour nous orienter dans nos vies. Tout ce que nous faisons doit être en conformité avec Elle. De façon générale, la Parole de Dieu est un guide parfait dans nos vies. La Bible est un livre exceptionnel qui contient des instructions relatives à tout problème éventuel qui pourrait survenir. De nombreuses personnes estiment que la Bible n'est pas un livre pratique et pertinent de nos jours.

Une femme m'a dit un jour qu'elle a le droit de pratiquer la fornication car la Bible pour elle est démodée. Trois ans après, lorsque l'ami avec lequel elle avait passé beaucoup d'années l'a laissée tomber, elle s'est rendue compte que la Bible n'était pas pour autant archaïque.

Toute écriture est inspirée de Dieu et utile pour enseigner, pour convaincre, pour corriger, pour

instruire dans la justice, afin que l'homme de Dieu soit accompli et propre à toute bonne œuvre.

2 Timothée 3 : 16,17

Les Écritures, de nos jours, sont avantageuses, utiles, pertinentes et pratiques pour tous les chrétiens ! Il y a de nombreux chrétiens qui ne veulent pas ouvrir la Bible, mais qui ils désirent simplement une prophétie ou un mot de sagesse.

La Parole est une lumière

[…] je préparerai une lampe à mon oint.

Psaumes 132 : 17

Utilisez la Parole de Dieu comme une lumière pour votre chemin. Il y a beaucoup de ténèbres dans le monde. Nous ne savons pas très souvent ce qu'il faut faire, mais Dieu a donné une lumière aux Chrétiens. Qu'est-ce que cette lumière que Dieu a donnée au chrétiens ?

Ta parole est une lampe à mes pieds, Et une lumière sur mon sentier.

Psaumes 119 : 105

La Parole de Dieu est une lampe et une lumière pour nous. Ce n'est que lorsque vous avez allumé une lampe que vous savez où aller. Ce n'est que lorsque vous avez allumé la lumière que vous pouvez éviter de trébucher sur les meubles. Jésus Christ S'était donné le nom de lumière du monde.

[...] je suis la lumière du monde ; celui qui me suit ne marchera pas dans les ténèbres, mais aura la lumière de la vie.

Jean 8 : 12

Vous avez besoin de lumière dans votre vie ! Jésus (la Parole) est la lumière de votre vie. Ceux qui ont tenté de vivre leur vie sans le Christ et la Parole se sont rendu compte qu'il est douloureux de tâtonner dans les ténèbres.

Un jeune homme est venu me voir et m'a informé qu'il avait de sérieux problèmes dans son couple. Il voulait que je lui vienne en aide. Il voulait savoir comment résoudre son problème matrimonial. Dès que nous avons commencé à nous entretenir à ce sujet, je me suis rendu compte qu'il avait besoin de la Parole. « Allez-vous prier pour moi afin que je sois délivré », m'a-t-il demandé.

« Pourquoi est-ce que vous avez besoin de délivrance ? », lui ai-je rétorqué.

« Oh, on m'a rapporté que mon épouse est possédée par un esprit de l'eau. », a-t-il répondu.

« Qu'est-ce qu'un esprit de l'eau ? », lui ai-je demandé.

« Oh, on m'a dit que c'est quelque chose contre laquelle je dois être délivré. Alors je veux être délivré. » Je me suis dit : « cet homme veut une réparation instantanée. Il ne veut pas écouter la Parole. Il ne sait pas que rien ne peut vous affranchir autant que la Parole de Dieu ».

Vous connaîtrez la vérité et la vérité vous affranchira.
Jean 8 : 32

« Êtes-vous un chrétien nouveau reconverti ? » lui ai-je demandé.

« Oui. »

« Êtes-vous fidèle à votre épouse? » Lui ai-demandé.

« Hum… pas tout à fait » a-t-il répondu en souriant.

« En fait » a-t-il poursuivi, « je ne lui ai pas du tout été fidèle !

J'ai donc conseillé à ce monsieur d'avoir un Pasteur et d'appartenir à une église. Je lui ai dit : « Votre esprit de l'eau est le moindre de vos problèmes. Ce dont vous avez besoin c'est de la Parole de Dieu pour vous guider dans cette vie. Vous avez besoin de la lumière de la vie, sinon, vous allez continuer à tâtonner dans les ténèbres. »

Certaines personnes s'étonnent et se posent la question de savoir comment je sais ce que je fais. Je me souviens un jour, à mon arrivée à Johannesburg pour une convention. Une délégation Sud africaine est venue à ma rencontre. Lorsqu'il m'ont vu, l'un d'eux m'a demandé : « Êtes-vous l'Évêque ? »

« Oui » ai-je répondu.

« Vraiment ! Nous nous attendions à quelqu'un de bien plus âgé! Nous avons écouté vos cassettes et nous avons lu vos livres. Pour une raison ou pour une autre, nous pensions que vous étiez bien plus vieux » Lorsque vous suivez la Parole, on pensera toujours que vous êtes plus vieux que votre âge réel.

La Parole est Sagesse

Tes commandements me rendent plus sage que mes ennemis, Car je les ai toujours avec moi. Je suis plus instruit que tous mes maîtres, Car tes préceptes sont l'objet de ma méditation.
Psaumes 119 : 98,99

La Parole de Dieu vous rendra sage dans cette vie. Des conseils et des indications portant sur les affaires se retrouvent dans la Parole de Dieu. Il y a plus enseignement pour un homme d'affaire dans la Parole de Dieu que dans un cours de gestion d'affaire. Il y a également dans la Bible plus informations pertinentes et pratiques relatives à la philosophie, aux sciences politiques, à la littérature et à l'histoire que dans tout autre livre de ma connaissance.

La Parole est enseignement

Je souris très souvent lorsque j'entends des gens dire: « Dieu m'a appelé pour faire telle ou telle chose pour lui ». Si vous ne respectez pas les enseignements les plus élémentaires de la Parole, pensez-vous réellement que Dieu va vous en donner plus ? Celui qui est fidèle dans de petites choses l'est aussi dans de grandes. Si vous ne respectez pas la Parole de Dieu qui vous demande de payer votre dîme, pensez-vous que Dieu va vous parler d'un ministère de guérison miraculeuse ?

> **On t'a fait connaître, ô homme, ce qui est bien; Et ce que l'Éternel demande de toi, [...]**
> **Michée 6 : 8**

Dieu vous fera connaître sa Parole à travers ses pasteurs et ses bergers. C'est pourquoi, il convient d'avoir une bonne église et un pasteur qui enseigne la Parole de Dieu. A chaque fois que votre pasteur fait sa prédication, soyez attentif et recevez les conseils relatifs à votre vie.

La Parole apporte la compréhension

Aux derniers jours, Dieu nous donnera des pasteurs qui nous nourriront de connaissances et de compréhension. Recevez la connaissance et la compréhension que Dieu vous donne.

> **Je vous donnerai des bergers selon mon cœur, Et ils vous paîtront avec intelligence et avec sagesse.**
> **Jérémie 3 : 15**

Dieu fera aussi usage des hommes de Dieu pour vous apporter des enseignements pour votre vie. Ces enseignements vous aideront à devenir de meilleures personnes. Parfois, votre pasteur donnera l'ordre de jeûner et de prier. Il est important de respecter ces enseignements. La Bible nous apprend qu'il faut respecter ceux qui sont investis de l'autorité spirituelle sur nous.

> **Obéissez à vos conducteurs et ayez pour eux de la déférence, car ils veillent sur vos âmes...**
> **Hébreux 13 : 17**

Écoutez la voix de votre berger. Dieu a mandaté le destin des brebis aux bergers. Dieu bénira ta vie et vous conduira à la voix de votre berger. Jésus est avant tout le principal berger et il a déclaré à Pierre de prendre soin des brebis. Cela veut dire qu'il mandatait la charge de Ses brebis à des sous-bergers.

[…] **Simon, fils de Jonas, m'aimes-tu ?** […] **Jésus lui dit pais mes brebis.**

Jean 21 : 17

La voix du berger

Puisque le berger prêche la Parole de Dieu, la voix du berger comprend la lumière, l'intelligence et la sagesse dont vous avez besoin.

Si vous êtes une brebis, Dieu vous guidera par votre berger. Une fois que vous êtes devenu comme une brebis, vous recevrez des instructions de votre berger. « Mes brebis reconnaissent ma voix et elles me suivent ».Votre berger vous expliquera la Parole de Dieu contenu dans la Bible. À travers la parole du berger, la Bible s'incarnera dans votre vie.

L'un des moyens les plus sûrs par lesquels Dieu vous guide reste la personne qui agit comme votre berger. Ce berger est votre pasteur. Soyez très attentifs aux paroles de votre pasteur. Ce sont les paroles consacrées d'un berger aux brebis. Elles contiennent toute l'orientation nécessaire pour les brebis.

Chapitre 9

Cinq clés pour vaincre la voix de votre chair

Rappelez-vous ces clés

1. La voix de votre chair est votre désir humain.
2. La voix de votre chair est celle de vos sentiments physiques.
3. La voix de la chair déclare : « Faites ce qui vous parait agréable et facile ».
4. Ne vous pliez pas à la voix de la chair si vous désirez être béni.
5. Vous pouvez taire la voix de la chair en faisant ce qui est pénible et difficile.

La voix de la chair est l'expression de vos désirs et sentiments. A chaque fois que vous avez certains sentiments et désirs, sachez qu'il s'agit de la voix de la chair. Respecter les désirs de la voix de la chair est chose dangereuse. Si vous suivez votre désir pour la nourriture, le repos et le sexe, vous finirez comme un désastre spirituel.

> **Et l'affection de la chair, c'est la mort, tandis que l'affection de l'esprit, c'est la vie et la paix.**
>
> **Romains 8 : 6**

Une personne spirituelle est quelqu'un qui se développe au point d'être capable de se rendre compte lorsque sa chair lui parle ou l'influence. Jésus a déclaré : « L'esprit est bien disposé mais la chair est faible » (Matthieu 26 : 41). La chair est toujours désireuse de ce qui est mauvais. Elle vous influence constamment tout au long d'une situation de moindre résistance.

Je me suis rendu compte que si je fais ce qui est pénible et difficile, je serai élevé. Alors que, si je fais ce qui est agréable et facile, je ne progresse pas. La chair veut que vous dormiez. C'est la chair qui vous dira : « N'allez pas à cette réunion de prière nocturne ».

De nombreux jeunes gens devraient savoir que c'est en réalité le désir de la chair qui les motive vers le mariage et les relations. Très souvent, la plupart des jeunes gens ne sont pas motivés par l'Esprit dans le mariage mais plutôt par la chair !

Un ministère spécial

Il y a de cela des années, en tant qu'élève de l'Achimota School (une école secondaire du Ghana), j'avais remarqué un jeune homme qui se faisait appeler ministre. Il venait à l'école nous rendre visite et aussi prêcher la Parole.

Après un moment, j'ai remarqué que très rarement ce monsieur rendait visite aux frères qui vivaient à l'internat. On pouvait toujours le voir discuter avec les dames et leur faire des « sermons » Un jour, je lui ai demandé : « Pourquoi est-ce que tu ne viens plus rendre visite aux frères ? »

« Vous passez la plupart de votre temps dans le dortoir des filles » ai-je ajouté.

« Oh ! » a-t-il répondu, « J'ai reçu un appel spécial de Dieu ». « Mon ministère est réservé au sœurs »

Autrement dit, Dieu lui a demandé de passer tout son temps avec les dames. À cette époque, j'avais accepté ceci comme étant un ministère valide. Cependant, si vous étudiez la Bible, vous ne trouverez point ce type de ministère. La Bible déclare que les femmes âgées devraient enseigner aux femmes moins âgées (Titus 2 : 4).

Ce monsieur suivait très probablement le penchant naturel de la chair. En tant qu'homme, il avait tendance à mieux s'entendre avec les sœurs. C'est un phénomène tout à fait naturel. Cela arrive tout le temps. Cependant, au lieu de reconnaître la réalité de la chair, ce qui est naturel, il prétendait que l'Esprit Saint lui avait donné un ministère spécial pour les filles.

L'« Esprit » parle-t-il ?

Un jeune homme avait été envoyé par le surintendant général de son église pour être le premier à développer une église dans la métropole. Ce jeune homme était très peu éduqué et n'avait pas d'emploi stable. Toutefois, il travaillait en tant que pasteur non ordonné (une ministre non payé/volontaire). Il commença l'église en se portant témoin des convertis et en assurant leur suivi. À sa grande surprise, l'église a commencé à se développer. Le développement de cette église a été soutenu par la bonne réputation de ce ministère. Il profitait aussi de l'onction générale qui reposait sur cette église.

L'église qui avait démarré dans le salon de ce jeune homme, s'est très vite développée jusqu'à compter plus de cent fidèles. L'argent a commencé à affluer et, pour la première fois, le compte bancaire de l'église comptabilisait un peu plus d'un million de cedis (cinq cents dollars au taux de change de 1999). Au bout d'un moment, le monsieur qui avait proposé que l'église se réunisse chez lui sans frais à changé d'avis et a exigé une somme faramineuse pour le loyer. Ce Pasteur avait de toute évidence vu la capacité et l'habileté de l'église. L'église disposait de plus d'argent qu'il n'avait jamais imaginé.

Cependant, les administrateurs refusèrent de payer l'énorme somme d'argent. Ils ont proposé de payer une somme plus modeste. La question du loyer est ainsi passée aux oubliettes. Toutefois, quelques mois après le pasteur a soudainement demandé une audience avec le surintendant général de l'église.

« Que pouvons nous faire pour toi ? » a demandé le surintendant.

« Le seigneur m'a parlé. Il m'a demandé de démissionner de ce ministère et de lancer ma propre église ; » déclara le pasteur.

« Que voulez-vous dire ? » a rétorqué le surintendant, surpris.

« Ce n'est rien de personnel. Dieu m'a appelé. Il m'a demandé de commencer mon propre ministère. »

« Je comprends » a déclaré le surintendant, « Êtes-vous sûr qu'il n'y a pas d'autres raisons ? »

« Non ! L'Esprit de Dieu m'a parlé et je dois obéir ! »

Les administrateurs de l'église ont interrogé le pasteur : « N'est-ce pas parce que vous voulez avoir le contrôle sur l'argent de l'église? Prenez-vous cette décision pour des raisons financières ? »

Le pasteur n'était pas content, « Doutez-vous de la véracité de mon appel ? Mettez-vous en doute le fait que Dieu m'ait appelé ? »

Ce Pasteur a par la suite pris le contrôle de l'église, changé son nom et volé la congrégation tout entière. La communauté a donc décidé de lancer une autre église aux environs de l'ancienne pour ceux de ses membres qui voulaient leur rester fidèles.

Une semaine après que le pasteur avait volé la congrégation, il fut révélé au grand jour qu'il détournait l'argent des quêtes de l'église. Au lieu de respecter les règles clairement prescrites de sa communauté (verser immédiatement tout l'argent à la banque), il prenait une partie de cet argent et l'utilisait. En d'autres termes, il faisait des déclarations frauduleuses sur les sommes collectées. C'est l'exemple patent de quelqu'un qui prétendait avoir entendu la voix de Dieu. Bien que personne ne puisse effectivement juger, il est tout à fait évident qu'il y avait des considérations financières dans la décision de ce jeune pasteur de se séparer de sa communauté.

La voix de la chair exigeant haut et fort beaucoup plus d'argent a été clairement entendue. Apprenez à distinguer la voix de la chair des autres voix.

Quelque nombreuses que puissent être dans le monde les diverses langues, il n'en est aucune qui ne soit une langue intelligible.

1 Corinthiens 14 : 10

Chapitre 10

Trois choses à savoir sur la voix du Saint-Esprit

La voix de l'Esprit Saint est la voix plus importante que vous devez écouter de nos jours. Jésus a déclaré qu'Il nous enverrait l'Esprit Saint pour nous guider. L'Esprit Saint révèle la pensée de Dieu.

> **[...] car il ne parlera pas de lui-même, mais il dira tout ce qu'il aura entendu, et il vous annoncera les choses à venir.**
>
> **Jean 16 : 13**

1. **La voix de l'Esprit Saint transmet le plan de Dieu vous concernant.**

L'une des fonctions cardinales de l'Esprit Saint est de vous transmettre la pensée de Dieu. Il ne parlera pas de Lui-même. Tout ce qu'Il entend Dieu dire, Il vous le relayera. A partir d'aujourd'hui, il n'est plus nécessaire de consulter les astrologues ou les étoiles. L'Esprit Saint vous montrera les choses à venir.

Dieu vous dira ce qu'il faut prévoir. S'il ne vous dit rien, c'est qu'il n'y a rien d'inhabituel à attendre L'Esprit Saint est à l'œuvre vingt-quatre heures sur vingt-quatre ; Il parle tout le temps. Il nous revient donc la tâche d'apprendre à reconnaître Sa voix et de savoir comment le distinguer des autres voix.

2. **L'Esprit Saint peut décider de s'adresser à votre esprit, à votre âme ou à votre corps.**

L'Esprit Saint a une voix. Cependant, la Bible nous enseigne qu'il parle directement à votre esprit, à votre âme ou à votre corps. **Lorsque l'Esprit Saint s'adresse à votre esprit, cela aura un air un peu différent de quand Il parle à votre corps physique.**

J'ai eu à connaître la voix de l'Esprit Saint qui s'adressait à moi des trois manières. Il s'adresse à nous des trois manières et il est important que nous Le recevions quelle que soit la manière qu'Il choisit pour s'adresser à nous. Lorsque l'Esprit Saint s'adresse à votre esprit, vous n'entendez aucune voix audible. C'est ce que l'on appelle « le témoin interne ».

3. La voix de l'Esprit Saint à votre esprit est appelée le « Témoin intérieure ».

La Bible nous apprend que l'Esprit Saint est dans nos cœurs (esprit) criant « Abba Père », qui est le cri d'un enfant à son véritable père. Par la voix de l'Esprit Saint dans votre cœur, vous savez que vous êtes un véritable enfant de Dieu.

Et parce que vous êtes fils, Dieu a envoyé dans nos cœurs l'Esprit de son Fils,lequel crie : Abba ! Père !

Galates 4 : 6

Ce verset nous apprend que l'Esprit Saint pleure ou crie dans votre cœur. Mais avez vous déjà entendu une voix audible dire: « Abba Père » ? Avez-vous jamais entendu une voix audible apparaissant dans votre pensée, disant : Abba Père » ? La réponse est non ! Quel est donc l'effet de l'Esprit Saint qui crie « Abba Père » dans notre cœur ? Il crée une assurance silencieuse de votre salut. Vous savez que vous êtes un chrétien et que vous allez entrer au ciel.

La voix de l'Esprit Saint à votre esprit crée ce que j'appelle une assurance silencieuse. Il crée une *connaissance détendue* à propos de quelque chose. L'apôtre Paul a décrit ceci comme une *perception* ou une *connaissance*. Vous vous posez probablement la question : « Pasteur, comment savez-vous toutes ces choses ? » Je les connais grâce à la Bible. Lisons-la ensemble.

Un temps assez long s'était écoulé, et la navigation devenait dangereuse, car l'époque même du jeûne était déjà passée. C'est pourquoi Paul avertit les autres, en disant: Ô hommes, je vois que la navigation ne se fera pas sans péril et sans beaucoup de dommage, non seulement pour la cargaison et pour le navire, mais encore pour nos personnes. Le centenier écouta le

pilote et le patron du navire plutôt que les paroles de Paul.

Actes 27 : 9-11

L'apôtre Paul a déclaré au Centurion et autres navigateurs expérimentés qu'il *percevait* qu'il y aurait de sérieux problèmes pendant le voyage. Paul n'a pas déclaré qu'il avait entendu l'Esprit de Dieu lui dire de ne pas voyager. Il avait tout simplement une *connaissance* et une *perception*. Comment l'a-t-il su? Comment l'a-t-il perçu? Était-ce une perception naturelle ou une perception spirituelle ? Ce n'était certainement pas une perception naturelle car dans la nature, il n'y avait aucun signe de danger. Le vent soufflait très légèrement, ce qui est un bon signe.

Un léger vent du sud vint à souffler, et, se croyant maîtres de leur dessein, ils levèrent l'ancre et côtoyèrent de près l'île de Crète.

Actes 27 : 13

Comme vous pouvez le constater, le vent du Sud soufflait légèrement. Il n'y avait aucun signe précurseur de danger. Paul reçut ce que de nombreux Chrétiens ont lorsque l'Esprit Saint parle à leur esprit : *une perception et une connaissance.* Comme s'il fallait distinguer entre les différentes manières par lesquelles l'Esprit Saint parle, le Seigneur a parlé à Paul d'une manière différente de ce même voyage.

Le mauvais présage qu'il a perçu s'est accompli et les personnes qui se trouvaient sur le navire avaient perdu tout espoir de survie. Cependant, Dieu a parlé à Paul de manière inhabituelle ou de manière spectaculaire.

On n'avait pas mangé depuis longtemps. Alors Paul, se tenant au milieu d'eux, leur dit: O hommes, il fallait m'écouter et ne pas partir de Crète, afin d'éviter ce péril et ce dommage.

Maintenant je vous exhorte à prendre courage; car aucun de vous ne périra, et il n'y aura de perte que celle du navire.

Un ange du Dieu à qui j'appartiens et que je sers m'est apparu cette nuit, et m'a dit : Paul, ne crains point; il

faut que tu comparaisses devant César, et voici, Dieu t'a donné tous ceux qui naviguent avec toi.

C'est pourquoi, ô hommes, rassurez-vous, car j'ai cette confiance en Dieu qu'il en sera comme il m'a été dit.

Actes 27 : 21-25

Vous pouvez vous rendre compte à partir de ce passage que l'Esprit Saint a parlé de deux manières différentes et à deux occasions différentes. La première fois, c'était par le témoin interne et la seconde fois c'était par le biais d'un ange.

Un autre verset qui déclare les mêmes choses est Romains 8 :16.

L'Esprit lui-même rend témoignage à notre esprit que nous sommes enfants de Dieu.

Romains 8 : 16

Lorsque l'Esprit Saint parle à votre esprit, vous n'avez pas des pensées qui vous surgissent dans la mémoire. **L'Esprit qui rend témoignage est le même Esprit qui parle ou qui rend témoignage à votre cœur que vous êtes un enfant de Dieu.** C'est là le moyen le plus ordinaire pour détecter la voix de l'Esprit. Lorsque vous voulez prendre une décision, prêtez une oreille attentive à cette assurance silencieuse dans votre cœur ! Si vous désirez épouser quelqu'un, prêtez une oreille attentive à cette connaissance détendue disant : « la voici ». Si vous désirez changer d'emploi ou conclure un partenariat, vérifiez si vous avez cette assurance silencieuse de paix dans votre cœur.

Chapitre 11

Sept caractéristiques du témoin intérieur

L'Esprit lui-même REND TÉMOIGNAGE À NOTRE ESPRIT que nous sommes enfants de Dieu :

Romains 8 : 16

Et parce que vous êtes fils, Dieu a envoyé dans nos cœurs L'ESPRIT de son Fils, lequel CRIE : Abba ! Père !

Galates 4 : 6

La question est : « Comment distinguer la voix de ce témoin intérieur ? A-t-elle certaines caractéristiques spécifiques ? Qu'est-ce qui différencie le témoin intérieur d'une pensée ordinaire ? » Voici sept caractéristiques à prendre en considération.

1. **Le témoin intérieur est différent d'une pensée raisonnée.**

Ce n'est ni une connaissance ni un raisonnement logique. Si vous avez une idée candide, il ne s'agit sûrement pas du témoin intérieur.

2. **Le témoin intérieur n'est pas une sensation physique.**

Parce que le témoin intérieur est la voix du Saint-Esprit parlant à votre esprit, vous ne ressentirez pas de sensation physique. Si quelqu'un prétend ressentir une sensation physique dans son gros orteil ou dans son foie, il ne s'agit certainement pas du témoin intérieur !

3. **Le témoin intérieur peut être plus facilement identifié en éliminant les autres voix.**

Le secret de l'identification du témoin intérieur réside dans l'élimination d'autres voix. Assurez-vous que ce n'est pas votre chair qui s'exprime. Assurez-vous qu'il ne s'agisse pas simplement d'une proposition raisonnable. Il se peut qu'une bonne raison et de bonnes sensations apparaissent quand l'Esprit vous guide, mais assurez-vous qu'il ne s'agit pas *uniquement* de cela !

4. Le témoin intérieur est une impression de paix.

Le témoin intérieur est une conscience de paix. C'est la paix de Dieu qui dépasse l'entendement, la raison, la logique et les choses physiques. Lors de votre développent spirituel, vous prendrez conscience de la paix de Dieu comme d'une façon d'être guidé. Vous direz : « Je n'ai pas la paix à ce sujet ! » D'autres fois, vous direz : « Cela peut paraître étrange, mais j'ai la paix à ce sujet. Je sais que cela me conviendra ».

5. Le témoin intérieur est une forte conviction.

Le témoin intérieur vous convainc des paroles du Seigneur. Vous commencez à faire preuve d'une assurance et d'une confiance tranquille à propos de la volonté de Dieu.

Encore une fois, ce n'est pas facile à expliquer. Pensez-vous que les gens qui renoncent à leur vie pour l'Evangile peuvent expliquer ce qu'ils font ? Il n'est pas facile d'expliquer sa foi ! Il n'est pas toujours facile d'expliquer ses convictions !

6. Le témoin intérieur est répétitif.

Le témoin intérieur est la voix répétée du Saint-Esprit s'adressant à votre cœur.

> [...] l'Esprit [...] crie [...]
>
> **Galates 4 : 6**

En criant constamment, l'Esprit laisse une impression en vous. Vous commencez à avoir des convictions à propos de certaines choses. Vous commencez à savoir que vous savez. L'une des choses que j'ai remarquées est que la voix de l'Esprit est sans cesse répétée. Cela se produit au cours de plusieurs semaines, plusieurs mois ou même plusieurs années.

7. Le témoin intérieur est une connaissance inexplicable.

Après avoir entendu la voix de l'Esprit plusieurs fois, vous commencez à savoir que faire. Elle crée « une connaissance » en vous. Les gens me demandent parfois : « Comment avez-vous su ce qu'il fallait faire ? » Parfois, je ne peux que répondre : « Je l'ai su, c'est tout. »

Chapitre 12

Comment utiliser « la paix, notre arbitre » au quotidien

Paul a décrit le phénomène du témoin intérieur d'une manière particulière. Il a appelé la paix de Dieu « un arbitre ». En d'autres termes, nous avons un arbitre spécial qui nous guide dans notre vie.

Et que la PAIX de Christ [...] RÈGNE dans vos cœurs [...]

Colossiens 3 : 15

La paix de Dieu dans nos cœurs est censée nous diriger ou nous guider. La paix de Dieu dans nos cœurs est générée par la voix du Saint-Esprit qui parle à nos cœurs. Quand vous n'êtes pas en paix, faites attention au danger. « Juger » en grec est brabeuo, ce qui signifie « être un arbitre », « arbitrer », « diriger » et « gouverner ».

Dieu se sert de la paix pour nous diriger et nous gouverner. Je vous le dis : « Si vous n'êtes pas en paix, n'y allez pas ! Si vous n'êtes pas en paix à son sujet, ne l'épousez pas ! » La paix est votre arbitre ! Quand l'arbitre souffle dans son sifflet, vous devez vous arrêter.

C'est l'arbitre qui vous indique quand reprendre le jeu. Il vous signale que quelque chose ne va pas. Si vous apprenez à suivre la paix dans votre cœur, vous connaîtrez la réussite dans toutes vos décisions.

Un de mes amis quitta arrêta un taxi sur le bord de la route en quittant l'église un soir. Il me confia plus tard à quel point cela avait été une expérience traumatisante. Il dit : « Je me suis senti mal à l'aise en montant en voiture. Je n'étais pas en paix ». L'arbitre de paix soufflait dans son sifflet et lui disait : « Non ! N'y va pas ! »

Il poursuivit son récit : « Il y avait une autre personne en plus du chauffeur. J'étais assis à l'arrière ».

Au milieu de la course, le chauffeur se mit à conduire très lentement. Il éteignit ses phares et se mit à chanter « *Lead kindly light* » (un cantique chanté lors des enterrements). Le chauffeur s'avéra être un sorcier opérant depuis une ville proche de la capitale, Accra. En cours de route, le chauffeur et l'homme assis devant dirent à mon ami : « Nous t'emmenons quelque part ».

Il était terrifié. Ils quittèrent l'autoroute et s'engagèrent sur une route de terre menant à un cimetière. En arrivant au cimetière, ils lui dirent : « Descends de la voiture. Tu vas mourir ».

Mon ami m'assura : « Je savais que mon heure avait sonné. Ils avaient dit qu'ils allaient me sacrifier et utiliser des parties de mon corps pour des rituels ».

Il poursuivit : « Juste avant qu'ils ne me sacrifient, je me suis mis à prier, puisqu'il s'agissait de mes derniers instants sur terre ».

Le chauffeur dit alors : « Si tu rejoins notre groupe de sorciers, je t'épargnerai ».

Mon ami m'avoua : « J'acceptai afin d'avoir la vie sauve. »

Pensant l'avoir converti, ils remontèrent en voiture et se rendirent dans la ville la plus proche. Mon ami continua : « Ils me déposèrent à une intersection au centre-ville. En sortant de la voiture, je dis à l'homme : « Si vous pensez que je veux faire partie d'un groupe aussi maléfique, vous avez perdu la tête. Aucun pouvoir n'égale celui de Jésus ».

Ayant dit cela, il prit la fuite dans la foule. Le chauffeur ne put pas le poursuivre car il y avait trop de gens.

Dieu a sauvé mon ami, lui évitant d'être sacrifié par des meurtriers. Mais Dieu a tenté de le diriger grâce à l'arbitre de paix. Le malaise ressenti par mon ami en montant en voiture était un avertissement de Dieu.

Dans le ministère, vous devez être en paix avec beaucoup de vos décisions. Il n'y a parfois aucune raison à la paix. Vous ignorez parfois pourquoi vous êtes en paix. La Bible l'appelle « la paix qui dépasse l'entendement ».

Chapitre 13

Comment faire la différence quand l'Esprit s'exprime de différentes manières

La voix du Saint-Esprit parlant à votre âme (Esprit)

Le Saint-Esprit s'adresse également à notre esprit pour nous diriger. Quel effet cela fait-il quand le Saint-Esprit parle à votre esprit ? Tout ce qui traverse votre esprit est une pensée. Le Saint-Esprit parle à votre esprit en lui soumettant des pensées.

> **Mais le consolateur, l'Esprit Saint, que le Père enverra en mon nom, vous enseignera toutes choses, et vous rappellera tout ce que je vous ai dit.**
> **Jean 14 : 26**

Ce verset indique clairement que le Saint-Esprit vous évoquera des pensées. Vous devez apprendre à distinguer les pensées venant de votre pensée naturelle et les pensées venant du Saint-Esprit. Certaines pensées et suggestions émanent également de Satan.

Quelqu'un m'a demandé : « Comment savez-vous que cette voix est celle du Saint-Esprit ? » C'est comme si on me demandait : « Comment savez-vous que cette voix est celle de votre femme ? Ou celle de quelqu'un d'autre ? »

Par expérience ! Plus j'entends certaines voix, plus je peux les identifier facilement. Certains m'appellent au téléphone et n'ont pas besoin de se présenter. Je sais de qui il s'agit quand ils se mettent à parler.

Quand vous commencerez à reconnaître la voix du Saint-Esprit qui s'adresse à votre esprit, à votre âme ou à votre corps, vous saurez quand Il parle. Des pensées me traversent constamment l'esprit. Comme tout un chacun, je dois faire un choix et décider lesquelles sont naturelles et lesquelles sont surnaturelles.

Comment j'ai entendu cette voix dans mon Esprit

Il y a quelques années, j'ai eu affaire à un individu rebelle au sein de mon église. Je soupçonnais fortement ce pasteur d'être un rebelle et un menteur. Mais il l'avait nié tant de fois que j'en étais venu à douter de mes soupçons. Un jour, lors d'un voyage en Europe, le Saint-Esprit a parlé à mon esprit. J'étais allongé dans mon lit quand l'Esprit de Dieu s'est adressé clairement à mon esprit. Il dit : « Untel est un menteur et je te montrerai cinq mensonges qu'il t'a dit en différentes occasions ».

De manière soudaine et rapide, le Saint-Esprit m'a donné cinq exemples de mensonges proférés par ce pasteur. Tout est allé si vite que j'ai eu du mal à me le rappeler par la suite. Puis le Saint-Esprit m'a dit : « En vertu de ceci, sache qu'il te ment à propos du problème qui te préoccupe actuellement. » Ceci a marqué un tournant dans ma relation avec ce pasteur. Tout à coup, j'ai su que j'avais affaire à un prévaricateur qui avait vécu une vie de mensonge grâce à ses réponses évasives et trompeuses.

Ce jour-là, Dieu m'a montré que j'avais affaire à un jeune homme rebelle et insoumis. Et je me suis occupé de lui !

Si vous êtes pasteur, vous aurez besoin que l'Esprit de Dieu vous guide, surtout dans vos relations avec les personnes qui travaillent avec vous. L'esprit de Judas est l'esprit du parfait imposteur. Vous n'aurez pas toujours conscience du poison mortel qui agit autour de vous, sauf si Dieu vous le révèle de façon surnaturelle. Je me suis rendu compte que l'Esprit de Dieu accomplit ces choses extraordinaires, alors que je ne peux pas savoir certaines choses de manière naturelle ! Ce n'est pas le principal moyen de communication entre Dieu et nous, mais c'est une méthode très importante.

Dieu parle à notre esprit quand Il y est forcé. La Bible l'explique clairement.

> [...] (lui) vous enseignera toutes choses, et vous remettra en (mémoire) toutes choses, tout ce que je vous ai dit.
>
> **Jean 14 : 26**
> **(Bible King James française)**

Bien souvent, quand des hommes de Dieu affirment que Dieu leur a parlé, ils veulent dire que certaines pensées leur ont traversé l'esprit et qu'ils les attribuent au Saint-Esprit.

À partir d'aujourd'hui, ayez foi en la voix du Saint-Esprit qui s'adresse à votre esprit.

L'Esprit de Dieu dit des choses à votre esprit. Quand Il parle à votre esprit, vous avez des pensées distinctes, spéciales et uniques. Cela se produit de manière inhabituelle. Cela s'apprend grâce à l'expérience et fonctionne grâce à la foi.

La voix du Saint-Esprit parlant à votre corps

> **Comme il était en chemin et qu'il approchait de Damas, tout à coup une lumière venant du ciel resplendit autour de lui. Il tomba par terre et il entendit une voix qui lui disait : Saul, Saul, pourquoi me persécutes-tu ? Il répondit : Qui es-tu, Seigneur ? Et le Seigneur dit : Je suis Jésus que tu persécutes. Il te serait dur de regimber contre les aiguillons.**
>
> **Actes 9 : 3-5**

Vous devez aussi apprendre que la voix du Saint-Esprit parle à votre être physique. *Dans ce cas, vous entendrez une voix audible vous parler.* La Bible est remplie d'exemples similaires, mais ne commettez pas l'erreur de penser que c'était un phénomène quotidien chez les Apôtres.

Paul a probablement entendu la voix du Saint-Esprit s'adresser à lui de cette manière seulement une ou deux fois au cours de sa vie. Il n'y a pas besoin de rechercher ces expériences spectaculaires. Le diable sait quand vous cherchez des choses sensationnelles.

C'est un expert qui a recours à la tromperie quand il sait que vous êtes vulnérable.

Je marche aux côtés du Seigneur depuis plus de vingt ans. Au cours de ma vie, j'ai cru entendre une fois la voix audible du Saint-Esprit s'adresser à moi. Mais ce n'est pas la manière principale dont le Saint-Esprit me guide.

Je crois être destiné au ministère. La meilleure preuve est que vous êtes en train de lire ce livre ! Mais le Saint-Esprit ne m'a pas parlé de manière audible pour m'inciter au ministère. J'ai l'assurance tranquille de la voix du Saint-Esprit parlant à mon cœur. Je sais que je dois être dans le ministère. Je sais que je ne dois rien faire d'autre de ma vie. Je dois prêcher jusqu'à ma mort. Comme l'a dit Paul : « Malheur à moi si je ne prêche pas l'Evangile. » Dieu n'a pas besoin de vous faire vivre une expérience saisissante pour que vous Lui obéissiez.

L'Esprit m'a parlé de différentes façons à différents moments de mon ministère. En 1980, au lycée d'Achimota, je me souviens que l'Esprit de Dieu a parlé à mon esprit et m'a donné cette paix intérieure à propos de Son œuvre. Grâce à ça, j'ai la force nécessaire pour servir Dieu dans le ministère dans mon rôle de pasteur. C'est cette assurance sereine qui m'a destinée au ministère.

En 1988, dans l'hôpital d'un village reculé du Ghana, l'Esprit de Dieu m'a parlé de manière audible et m'a montré la direction à prendre dans le ministère. En juin 1996, dans un petit village français, l'Esprit s'est adressé à mon esprit et m'a dit de commencer à opérer dans certains domaines du ministère.

À chaque étape de ma vie, le Saint-Esprit m'a parlé de la façon qu'Il a jugée appropriée. Il vous parlera aussi et vous apprendrez à connaître sa voix et à marcher à ses côtés.

Chapitre 14

Quatre raisons pour des conseils spectaculaires

Nous arrivons maintenant à des formes de conseils plus spectaculaires de la part du Saint-Esprit. On compte parmi elles les rêves, les visions, les transes, l'apparition d'anges et parfois même celle de Jésus. Nous devons nous demander pourquoi Jésus choisit des méthodes différentes à chaque fois. Dieu est souverain, Il peut faire ce qu'Il veut.

Je n'essaie pas de rationaliser la manière dont Dieu parle. Je veux simplement montrer un modèle de la Parole de Dieu. J'aimerais partager avec vous les quatre raisons qui peuvent pousser Dieu à vous parler de manière spectaculaire.

Quatre Raisons

1. Dieu peut vous parler de façon spectaculaire car cela concerne quelque chose de très important pour votre vie et pour votre ministère.

2. Dieu peut vous parler de façon spectaculaire car toutes les autres méthodes employées pour vous toucher ont échoué.

3. Dieu peut vous parler de façon spectaculaire car Il a parfois pitié des gens obstinés.

4. Dieu peut vous parler de façon spectaculaire car cela concerne quelque chose de très important pour Son église.

Conseils spectaculaires pour le Salut

L'Apôtre Paul est l'exemple parfait de quelqu'un qui a reçu des conseils spectaculaires. En fait, ce n'est pas parce que les conseils ne sont pas spectaculaires qu'ils ne sont pas surnaturels. Le salut de Paul n'est pas un cas typique de conversion. Je crois qu'il y a trois raisons pour lesquelles Dieu a parlé à Paul de façon spectaculaire.

a. Paul détruisait l'église.

> **Qui étais auparavant [...] un persécuteur [...]**
>
> **1 Timothée 1 : 13**

b. Dieu a eu pitié d'une personne obstinée.

> **Qui étais auparavant un blasphémateur [...]**
>
> **1 Timothée 1 : 13**

c. Dieu a voulu sauver la vie de Paul car personne ne peut détruire l'église impunément.

> **Il te serait dur de regimber contre les aiguillons.**
>
> **Actes 9 : 5**

Conseil spectaculaire pour rejoindre la bonne église (Compagnie)

Peu après la conversion sensationnelle de Paul, le Seigneur a eu recours à une autre méthode spectaculaire pour mener Paul dans la bonne église afin qu'il reçoive la bonne formation au ministère. Paul était un fier avocat qui aurait pu penser que quelques humbles Juifs n'avaient pas grand-chose à lui apprendre.

> **[...] un nommé Saul de Tarse. Car il prie, et il a vu en vision un homme du nom d'Ananias, qui entrait, et qui lui imposait les mains, afin qu'il recouvrât la vue.**
>
> **Actes 9 : 11,12**

Les visions dans lesquelles il se voyait rejoindre l'église principale étaient si marquantes que Paul ne put s'empêcher d'écouter les conseils de chrétiens plus âgés et plus expérimentés. Je pense que Dieu a agi ainsi car le ministère futur du monde des « gentils » était concerné.

Conseil spectaculaire pour savoir commencer une église

Un jour, Paul prévit de se rendre en Bithynie. Il voulait y commencer un ministère, mais l'Esprit de Dieu avait d'autres plans. Cette nuit-là, l'Esprit de Dieu parla à Paul en vision. Il vit un habitant de la Macédoine lui dire : « Viens en Macédoine et aide-nous. » Encore une fois, c'était très important pour la construction de l'église.

Conseil spectaculaire pour la survie

Plus tard au cours de son ministère, Paul se retrouva dans une situation où sa vie fut menacée. Il était sur le point de mourir dans un naufrage (accident d'avion). Un ange apparut soudain et lui dit quoi faire.

> **On n'avait pas mangé depuis longtemps. Alors Paul, se tenant au milieu d'eux, leur dit : Ô hommes, il fallait m'écouter et ne pas partir de Crète, afin d'éviter ce péril et ce dommage.**
>
> **Maintenant je vous exhorte à prendre courage; car aucun de vous ne périra, et il n'y aura de perte que celle du navire. Un ange du Dieu à qui j'appartiens et que je sers m'est apparu cette nuit, et m'a dit : Paul, ne crains point; il faut que tu comparaisses devant César, et voici, Dieu t'a donné tous ceux qui naviguent avec toi.**
>
> **C'est pourquoi, ô hommes, rassurez-vous, car j'ai cette confiance en Dieu qu'il en sera comme il m'a été dit.**
>
> **Actes 27 : 21-25**

À cause de la visite de l'ange, Paul ordonna à tout le monde de manger. Ceci leur sauva la vie et leur permit de survivre jusqu'à ce qu'ils atteignent la terre ferme.

Comme vous pouvez le voir, une ou plusieurs des quatre raisons énoncées au début de ce chapitre sont toujours réunies quand Dieu parle de façon spectaculaire.

Conseil spectaculaire pour vous aider à supporter une saison difficile

Paul allait traverser une période très difficile en tant que prisonnier. Il allait être arrêté et emprisonné jusqu'à sa mort. Ce fut une époque importante du ministère de Paul, car c'est à cette période qu'il écrivit beaucoup de ses lettres. C'est grâce à ces lettres que le ministère de Paul a survécu pendant plus de 2000 ans.

Comme nous étions là depuis plusieurs jours, un prophète, nommé Agabus, descendit de Judée, et vint nous trouver. Il prit la ceinture de Paul, se lia les pieds et les mains, et dit : Voici ce que déclare le Saint-Esprit : L'homme à qui appartient cette ceinture, les Juifs le lieront de la même manière à Jérusalem, et le livreront entre les mains des païens.

Actes 21 : 10,11

Chapitre 15

Comment identifier une porte

[...] j'ai mis devant toi une porte ouverte [...]

Apocalypse 3 : 8

1. Une porte ouverte est une *opportunité offerte* par Dieu au milieu des impossibilités.

2. Une porte ouverte est une *chance de s'échapper ou de réussir quelque chose* pour le Seigneur.

3. Une porte ouverte est une ouverture *au milieu de circonstances insurmontables.*

4. Une porte ouverte est une *opportunité dans le temps* qui apporte une option salvatrice.

Trois façons de reconnaître une Porte

1. **La première façon de reconnaître une porte est de reconnaître une opportunité se présentant au milieu d'options impossibles.**

Dans la réalité, une porte est entourée de murs impénétrables. Ceci révèle des circonstances impossibles ou impénétrables sauf à l'endroit où se trouve la porte.

Je resterai néanmoins à Éphèse [...] Car une PORTE GRANDE et d'un accès efficace m'est ouverte.

1 Corinthiens 16 : 8,9

Paul décida de rester à Éphèse à cause de l'opportunité qu'il avait d'y prêcher. Il était entouré de villes hostiles qui n'étaient pas ouvertes à l'Evangile. Quand vous êtes confronté à des impossibilités et qu'une opportunité se présente, c'est souvent Dieu qui vous ouvre une porte.

2. **La deuxième façon de reconnaître une porte est de discerner qu'il s'agit d'une opportunité qui n'est pas permanente.**

Dans la réalité, une porte n'a pas de position fixe. Elle est soit ouverte, soit fermée. Une opportunité qui se présente pendant un moment avant de disparaître doit être considérée comme une porte.

Je resterai néanmoins à Éphèse [...] Car une PORTE GRANDE et d'un accès efficace m'est OUVERTE.

1 Corinthiens 16 : 8,9

Même s'il y avait une opportunité de ministère à Éphèse, elle ne serait pas éternelle. Aujourd'hui, l'opportunité d'un ministère à Éphèse est très mince. La porte est fermée dans de nombreuses régions d'Europe. Mais la porte est ouverte dans de nombreuses régions d'Afrique et dans les pays en voie de développement. Ces portes ne resteront pas ouvertes éternel-lement. L'instabilité et la guerre risquent de les fermer un jour. Il est de notre devoir de franchir les portes quand elles s'ouvrent. Quand le « Rideau de Fer » s'est levé, la porte s'est ouverte à l'Évangile en Europe de l'Est. La porte est en train de se refermer peu à peu.

3. **La troisième façon de reconnaître une porte est de se rendre compte que Dieu a créé cette opportunité et qu'elle n'a rien à voir avec nos efforts.**

Dans la réalité, on ne construit pas souvent les portes qui se présentent à nous. Tout le monde se contente de franchir les portes qui sont ouvertes. Une porte ouverte ne résulte pas de vos actions, c'est juste une chose dont vous profitez.

Après leur arrivée, ils convoquèrent l'église, et ils racontèrent tout ce que Dieu avait fait avec eux, et comment *IL* AVAIT OUVERT aux nations LA PORTE de la foi.

Actes 14 : 27

Quand Paul et Barnabé rapportèrent les détails de leur mission, tout le monde fut ravi de l'œuvre du Seigneur. Ils en vinrent à la conclusion suivante : Dieu avait ouvert une porte pour les gentils ! Ils savaient que seul Dieu en était capable ! Voilà comment reconnaître une porte. Il faut reconnaître que seul Dieu a pu réaliser cette opportunité.

La porte du service

Il y a des portes importantes que chaque chrétien doit reconnaître et franchir. Dieu se sert souvent de portes pour diriger Ses enfants.

Je resterai néanmoins à Ephèse jusqu'à la Pentecôte, car une porte grande et d'un accès efficace m'est ouverte, et les adversaires sont nombreux.

1 Corinthiens 16 : 8,9

La porte du service est l'occasion d'être efficace pour le Seigneur. La porte du service est l'occasion de servir le Seigneur. On ne peut pas toujours gagner des âmes à la cause de Jésus. Il arrive un moment où ce n'est plus possible. Le mariage, la grossesse et la naissance ferment parfois la porte du service. Si vous saisissez l'opportunité quand elle se présente, vous serez béni. Quand vous franchissez la porte du service, vous gagnez deux qualifications importantes, à savoir :

a. Vous n'êtes plus un novice.

Dieu ne fait pas appel à des gens inexpérimentés pour le ministère. Vous avez besoin d'expérience pour un ministère efficace. *Quelles épreuves avez-vous traversées ? À quoi avez-vous survécu ? Qu'avez-vous enduré ?*

Il ne faut pas qu'il soit un nouveau converti, de peur qu'enflé d'orgueil il ne tombe sous le jugement du diable.

1 Timothée 3 : 6

b. Vous devez prouver que vous méritez d'être en fonction.

Il y a quatre niveaux dans la hiérarchie du service de Dieu.

Niveau un : accomplir l'œuvre. « [...] accomplis *l'œuvre* d'un évangéliste [...] » (2 Timothée 4 : 5)

Niveau deux : avoir un don. « Des *dons* différents [...] » (Romains 12 : 6)

Niveau trois : avoir un ministère. « [...] remplis bien ton *ministère.* » (2 Timothée 4 : 5).

Niveau quatre : occuper une fonction. « ... je glorifie mon *ministère* [...] » (Romains 11 : 13).

Prenez le ministère d'un évangéliste, par exemple. Vous pouvez faire l'œuvre d'un évangéliste, mais ça ne signifie pas que vous avez la *fonction* d'un évangéliste. Comme Timothée, vous pouvez servir temporairement l'œuvre de l'évangélisme.

Au niveau suivant, vous pouvez avoir le *don* de l'évangélisme. Cela ne signifie pas que vous exercez le ministère d'un évangéliste, mais au niveau suivant, vous pourriez progresser au *ministère* d'un évangéliste. À ce stade, c'est votre devoir permanent.

Au niveau le plus élevé, vous pourriez remplir la fonction d'un évangéliste. Dans cette fonction, vous êtes au plus haut niveau du ministère. A ce stade, vous devez employer des gens afin de vous aider. Quand plusieurs personnes vous aident et vous servent dans votre ministère, c'est souvent un signe que vous occupez une fonction spirituelle.

Qu'on les éprouve d'abord, et qu'ils exercent ensuite leur ministère, s'ils sont sans reproche.

1 Timothée 3 : 10

La porte du service vous montrera que vous êtes fidèle dans les moindres choses. Vous serez ensuite digne de confiance pour les plus grands desseins.

Celui qui est fidèle dans les moindres choses l'est aussi dans les grandes [...]

Luc 16 : 10

En franchissant les portes du service, vous effectuerez souvent des tâches ingrates pour le ministère. Vous serez peut-être à l'arrière-plan. On ne vous louera peut-être pas pour vos actions, mais ne vous inquiétez pas, votre récompense est garantie. La récompense pour ceux qui sont partis et ceux qui sont restés est la même. C'est une loi qui a été établie par le roi David.

> **La part doit être la même pour celui qui est DESCENDU sur le champ de bataille et pour celui qui est RESTÉ près des bagages : ENSEMBLE ILS PARTAGERONT.**
>
> **1 Samuel 30 : 24**

Comment reconnaître une porte pour la parole

> **Priez en même temps pour nous, afin que Dieu nous ouvre une porte pour la parole, en sorte que je puisse annoncer le mystère de Christ [...]**
>
> **Colossiens 4 : 3**

La porte pour la parole

Une porte pour la parole est une opportunité de prêcher ou d'enseigner. Toute opportunité de partager la parole doit être saisie. C'est une chance donnée par Dieu pour le ministère. Chaque fois que vous partagez la parole, vous devenez plus mûr. Savez-vous que le prêcheur est la personne la plus affectée par le sermon ?

Plus vous prêchez, meilleur vous devenez dans votre ministère. Une porte pour la parole est une porte d'excellence pour vous.

La porte de la foi

> **Après leur arrivée, ils convoquèrent l'église, et ils racontèrent tout ce que Dieu avait fait avec eux, et comment il avait ouvert aux nations la porte de la foi.**
>
> **Actes 14 : 27**

Une porte de la foi est l'opportunité de sauver quelqu'un. En vous rapprochant des gens, vous devez discerner si une porte de la foi s'ouvre. En Europe, par exemple, la porte de la foi (du salut) est fermée. Cela ne signifie pas que les gens ne peuvent pas être sauvés en Europe. Mais les chances de salut sont bien plus élevées ailleurs.

Les gens traversent parfois des crises qui les rendent plus réceptifs au message du Christ. Une porte de la foi est ouverte pour cette personne. Saisissez l'opportunité de lui enseigner l'Evangile.

Chapitre 16

Ce que tout chrétien devrait savoir au sujet des rêves

Nous rêvons tous depuis notre enfance. Les rêves sont tellement communs que de nombreux chrétiens ne considèrent pas les rêves comme étant une méthode valable par laquelle Dieu nous guide. Il semble que nous pensions qu'après tout, nous avons fait toutes sortes de rêves durant notre enfance et du temps où nous étions incroyants et nous nous demandons comment Dieu peut nous guider par les rêves.

Les rêves du Saint-Esprit

De manière surprenante, la Parole de Dieu nous enseigne que le Saint-Esprit apportera des rêves dans nos vies.

> **Dans les derniers jours, dit Dieu, je répandrai de mon Esprit sur toute chair ; Vos fils et vos filles prophétiseront, vos jeunes gens auront des visions et vos vieillards auront des songes.**
> **Actes 2 : 17**

Vous pouvez voir dans les Ecritures que les rêves sont le résultat direct de la présence du Saint-Esprit. A partir de maintenant, ne prenez plus vos rêves à la légère ! Mais n'oubliez pas que les rêves peuvent provenir d'autres sources que le Saint-Esprit.

Nous examinerons également cela, mais votre cœur doit réaliser que de nombreux rêves sont la conséquence de la présence du Saint-Esprit. Dans le livre de Job, Dieu révèle qu'Il parle en rêves quand Il ne parvient pas à attirer notre attention. Un rêve inhabituel retient toujours notre attention.

> **Dieu parle cependant, tantôt d'une manière, tantôt d'une autre et l'on n'y prend point garde.**
> **Job 33 : 14**

Bien souvent, Dieu nous parle mais nous ne l'entendons pas. La Bible continue :

> **Il parle PAR DES SONGES, par des visions nocturnes, quand les hommes sont livrés à un profond sommeil, quand ils sont endormis sur leur couche. ALORS IL LEUR DONNE DES AVERTISSEMENTS et met le sceau à ses instructions.**
>
> **Job 33 : 15,16**

Vous vous réveillez parfois le matin avec un rêve inhabituel. Dieu essaie peut-être d'attirer votre attention. À partir de maintenant, ne dédaignez pas vos rêves ! Pensez à la naissance de Jésus, vous vous rendrez compte à quel point les rêves ont joué un rôle important dans la vie de Marie et Joseph.

C'est un rêve qui a poussé Joseph à épouser Marie bien qu'elle ait été enceinte avant leur mariage.

> **Comme il y pensait, voici, un ange du Seigneur lui apparut en songe, et dit : Joseph, fils de David, ne crains pas de prendre avec toi Marie, ta femme, car l'enfant qu'elle a conçu vient du Saint-Esprit ; elle enfantera un fils et tu lui donneras le nom de JESUS ; c'est lui qui sauvera son peuple de ses péchés.**
>
> **Matthieu 1 : 20,21**

C'est un rêve qui a incité Joseph à fuir en Égypte pour la sécurité de Jésus. C'est parce que Joseph a obéi à ce rêve que Jésus a échappé au massacre des bébés ordonné par Hérode.

> **Lorsqu'ils furent partis, voici, un ange du Seigneur apparut en songe à Joseph, et dit : Lève-toi, prends le petit enfant et sa mère, fuis en Égypte, et restes-y jusqu'à ce que je te parle ; car Hérode cherchera le petit enfant pour le faire périr.**
>
> **Matthieu 2 : 13**

À la mort d'Hérode, Dieu parla encore en rêve et demanda à Joseph de retourner en Israël.

L'art d'entendre

> **Quand Hérode fut mort, voici, un ange du Seigneur apparut en songe à Joseph, en Égypte et dit : Lève-toi, prends le petit enfant et sa mère et va dans le pays d'Israël, car ceux qui en voulaient à la vie du petit enfant sont morts.**
>
> **Matthieu 2:19,20**

Joseph fut encore guidé : il quitta la Judée pour la Galilée et une ville du nom de Nazareth. En vertu de quoi, Jésus fut appelé Nazaréen.

> **[...] divinement averti en songe, il se retira dans le territoire de la Galilée, et vint demeurer dans une ville appelée Nazareth [...]**
>
> **Matthieu 2 : 22,23**

En tout, Joseph a fait quatre rêves. En suivant les conseils qu'il a reçus dans chaque rêve, la volonté parfaite de Dieu a été accomplie. Les prophéties se sont accomplies et les Écritures ont été confirmées parce qu'un homme a obéi à un rêve.

L'Apôtre Paul a noté ses visions et ses rêves importants. Il a déclaré ne pas désobéir aux visions célestes.

> **En conséquence, roi Agrippa, je n'ai POINT RESISTÉ À LA VISION CELESTE.**
>
> **Actes 26 : 19**

Paul respectait la voix de Dieu qui s'adressait à lui. Vous devez accepter le fait que Dieu nous parle grâce aux rêves. La Bible décrit le rêve comme une « vision pendant la nuit ».

> **Pendant la nuit, Paul eut une vision : un Macédonien lui apparut et lui fit cette prière : Passe en Macédoine, secours-nous ! Après cette vision de Paul, nous cherchâmes aussitôt à nous rendre en Macédoine, concluant que le Seigneur nous appelait à y annoncer la bonne nouvelle.**
>
> **Actes 16 : 9,10**

Vous pouvez remarquer que Paul prenait de plus en plus d'assurance. Le Saint-Esprit se sert des rêves pour nous guider.

L'Apôtre Pierre a fait un rêve important qui a changé le cours de son ministère. Pierre priait sur le toit pendant que les femmes préparaient à manger en bas. Pendant sa prière, il tomba en extase et fit un rêve rapide. Dans ce rêve, il vit de nombreux animaux étranges et il entendit une voix lui dire : « Lève-toi, Pierre, tue et mange. »

Le lendemain, comme ils étaient en route et qu'ils approchaient de la ville, Pierre monta sur le toit, vers la sixième heure, pour prier. Il eut faim et il voulut manger. Pendant qu'on lui préparait à manger, il tomba en extase. Il vit le ciel ouvert et un objet semblable à une grande nappe attachée par les quatre coins, qui descendait et s'abaissait vers la terre et où se trouvaient tous les quadrupèdes et les reptiles de la terre et les oiseaux du ciel. Et une voix lui dit : Lève-toi, Pierre, tue et mange. Mais Pierre dit : Non, Seigneur, car je n'ai jamais rien mangé de souillé ni d'impur. Et pour la seconde fois la voix se fit encore entendre à lui : Ce que Dieu a déclaré pur, ne le regarde pas comme souillé. Cela arriva jusqu'à trois fois ; et aussitôt après, l'objet fut retiré dans le ciel.

Actes 10 : 9-16

Cette extase ou rêve bref était une instruction importante de Dieu au responsable de Son église. Dieu demandait à Pierre de prêcher la bonne nouvelle aux gentils.

Comme Pierre, il peut vous arriver de vous endormir en priant. Notez toujours les rêves que vous faites à ce moment-là. Ce sont peut-être des messages inspirés par l'Esprit venant du Seigneur.

Chapitre 17

Comment interpréter différents types de rêves

Le problème des rêves, c'est qu'il y en a quatre types différents et cela peut s'avérer déroutant. Parfois, à cause de rêves insignifiants, de nombreux chrétiens accomplis ont tendance à complètement ignorer l'importance des rêves. Les quatre types de rêves sont :

i. Les rêves venant du Saint-Esprit ;
ii. Les rêves venant de vos activités quotidiennes ;
iii. Les rêves venant de la chair ;
iv. Les rêves venant du diable.

Les rêves venant de vos activités quotidiennes

Ce sont les rêves causés par vos activités quotidiennes. La Bible nous enseigne qu'un rêve est le résultat de nos activités ou de nos occupations.

Car, si les songes naissent de la multitude des occupations [...]
Ecclésiaste 5 : 3

Vous avez peut-être passé la journée avec un chrétien. Quelques jours plus tard, ou peut-être la nuit même, vous rêvez que vous l'épousez. Même si ce rêve a pu vous être inspiré par le Saint-Esprit, il est plus probable qu'il ait été causé par votre interaction avec lui.

Quand vous faites un rêve, vérifiez s'il a un lien avec votre situation actuelle. Ce n'est pas forcément quelque chose qui s'est produit le jour même. Il faut parfois plusieurs semaines avant que vos occupations ne vous inspirent un rêve.

Vous devez faire attention à ne pas attribuer un rêve au Saint-Esprit alors qu'il a été causé par vos activités. En plus de cela, un rêve venant de Dieu doit être compris dans le contexte des autres moyens de communication du Saint-Esprit.

Si le Saint-Esprit vous parle en rêve, demandez-vous s'il est compatible avec la paix de Dieu dans votre cœur (l'arbitre de paix).

Les rêves venant de la chair

L'un des types de rêves les plus communs est d'avoir une relation sexuelle avec une autre personne. Bien souvent, ceux qui font ce genre de rêves les interprètent comme une « union spirituelle » avec quelqu'un d'autre. Mais ces rêves sont souvent la prolongation nocturne de désirs charnels.

Souvent, l'individu en question a plusieurs rapports sexuels. Ces rêves révèlent parfois l'état de notre esprit ou de notre cœur.

Malgré cela, ces hommes aussi, entraînés par leurs rêveries, souillent pareillement leur chair, méprisent l'autorité et injurient les gloires.

Jude 8

Il y a des rêves sales et des rêveurs sales. Ces personnes souillent la chair. En d'autres termes, ils l'avilissent. Il est temps d'arrêter de mettre ça sur le compte d'une malédiction. Il est temps d'accepter le fait que les rêves sales proviennent d'une nature charnelle que l'on a laissé prendre le dessus à maintes reprises.

Paul a dit qu'il contrôlait sa chair. Paul avait une nature charnelle qui avait tendance à être incontrôlable.

Si vous laissez votre chair et votre esprit faire n'importe quoi, c'est ce qui se passera ! La Bible nous enseigne qu'il n'y a rien de bon dans la chair.

Ce qui est bon, je le sais, n'habite pas en moi, c'est-à-dire dans ma chair [...]

Romains 7 : 18

Il n'y a rien de bon dans votre nature charnelle. Ne lui laissez pas l'occasion de s'imposer.

> **[...] et n'ayez pas soin de la chair pour en satisfaire les convoitises.**
>
> **Romains 13 : 14**

Les rêves venant du diable

Comme toujours, le diable contrefait tout ce que Dieu fait. La spécialité de Satan est de tromper et de duper.

Dieu ne cause jamais la confusion. **Un rêve confus n'est pas l'œuvre de Dieu.** L'Esprit de Dieu n'est pas un esprit de peur. Quelque chose qui vient vous effrayer n'est pas l'œuvre de l'Esprit du Seigneur.

Nombreux sont ceux qui ont été piégés par le diable à cause des rêves. Satan vous montrera une image d'un événement néfaste et vous dira que ce rêve va se réaliser. Le diable peut par exemple vous montrer votre cercueil et vos funérailles. De nombreux chrétiens ont vécu des désastres, des morts prématurées et toutes sortes d'horreurs à cause de rêves démoniaques.

Comment beaucoup se font piéger par les rêves démoniaques

Beaucoup se laissent prendre à la puérilité et à la stérilité par le biais des rêves. Voici comment cela se produit : Satan leur montre une image de stérilité ou une image d'eux couchant avec quelqu'un d'autre. Ces rêves n'ont qu'un seul but : vous effrayer et insuffler la peur dans votre cœur.

> **C'est alors que tu M'EFFRAIES par des songes, que tu M'ÉPOUVANTES par des visions.**
>
> **Job 7 : 14**

Vous commencez à craindre de ne pas avoir d'enfants. Vous commencez à craindre que tout ne se passe pas normalement pour vous. Après tout, vos rêves montrent des inconnus qui couchent avec vous ! Quand la peur s'est installée, ces rêves peuvent se réaliser ! La peur n'est pas une humeur ou une sensation, c'est un esprit démoniaque.

Car ce n'est pas un *esprit* de timidité que Dieu nous a donné...

1 Timothée 1 : 7

Rappelez-vous que Job a fini par vivre ce qu'il redoutait. Dieu l'avait béni. Dieu lui avait donné des maisons, des terres, la prospérité, des enfants et de grandes richesses. Mais il craignait quand-même qu'il lui arrive quelque chose. Ses craintes ont fini par se réaliser.

Ce que je crains, c'est ce qui m'arrive; ce que je redoute, c'est ce qui m'atteint.

Job 3 : 25

Méfiez-vous de ce que vous craignez, car ce que vous craignez finira par se produire. Voilà pourquoi Jésus a souvent dit : « N'AYEZ PAS PEUR ! Croyez ! »

Il y a longtemps, quand j'habitais avec mes parents, des voleurs firent irruption chez nous. Par hasard, je m'étais réveillé au beau milieu de la nuit, vers 3 heures du matin et j'entendis du bruit en bas. Une bande de voleurs s'était introduite chez nous et ils emportaient tout ce qu'ils pouvaient. Je me mis à hurler, je réveillai tout le quartier, mais les voleurs s'enfuirent en voiture !

Plus tard, je découvris comment les voleurs avaient pu s'introduire chez nous. Ils avaient démonté deux volets de la jalousie et avaient aidé l'un de leurs comparses à pénétrer à l'intérieur. Ce devait être une petite personne, car l'espace était très étroit. **La personne qui s'était introduite dans la maison ouvrit ensuite la porte et laissa entrer le reste des cambrioleurs (démons).**

C'est comme cela que le diable procède. Il lui suffit qu'un membre de son équipe entre dans votre esprit. Cet esprit ouvrira la porte pour laisser entrer d'autres démons.

Quand vous laissez la peur s'installer dans votre vie, elle ouvre la porte à la destruction, à la mort prématurée, à la maladie et à la stérilité. Job a dit que ses rêves l'effrayaient. Dieu ne vous enverra pas un esprit de peur. Plus tard, quand ces rêves terrifiants se réalisent, les gens disent : « Vous voyez, ça s'est passé comme dans mon rêve ». **Non ! Cela s'est passé comme vous le craigniez !**

Chapitre 18

Comment comprendre un prophète

Nombreux sont les gens qui pensent être guidés par le présage d'un prophète. Je connais de nombreux chrétiens dont la vie a radicalement changé après qu'un prophète leur a parlé. Est-ce dans les écritures ?

Dans ce chapitre, je tiens à partager ma vision du rôle de prophète au sein de l'église. Vous devez savoir ce qu'un prophète est censé faire, sinon votre vie risque d'être détruite par un faux prophète.

Mon peuple, ceux qui te conduisent t'égarent, et ils corrompent la voie dans laquelle tu marches.

Esaïe 3 : 12

Nos vies doivent-elles être guidées par des prophètes ? La réponse est NON ! Nous croyons en le Nouveau Testament, nous sommes censés être guidés par le Saint-Esprit et par la parole de Dieu.

Car tous ceux qui sont conduits par l'Esprit de Dieu sont fils de Dieu.

Romains 8 : 14

Les prophètes ont joué un rôle différent dans l'Ancien Testament et le Nouveau Testament. Suis-je en train d'insinuer que les prophètes du Nouveau Testament n'étaient pas capables d'avoir des visions et de recevoir la parole du Seigneur ? Ils en étaient capables, mais le contexte était différent.

Dans l'Ancien Testament, seuls le prophète et peut-être le prêtre étaient habités par le Saint-Esprit. Aujourd'hui, le Saint-Esprit habite chaque croyant et il nous guide au quotidien. **Nous avons toujours besoin de la contribution des prophètes, mais nous n'avons pas besoin d'eux au quotidien.** Nous devons aussi vérifier que ce qu'ils disent est conforme aux paroles du Saint-Esprit.

Pour ce qui est des prophètes, que deux ou trois parlent, et que les autres jugent.
1 Corinthiens 14 : 29

Dans le Nouveau Testament, les déclarations des prophètes sont censées être jugées ou évaluées. Comment pouvons-nous juger ce que dit un prophète si nous n'avons pas le Saint-Esprit ou la parole ? La parole de Dieu est le standard qui nous permet d'évaluer une situation.

Par exemple, j'ai remarqué que de nombreux prophètes prêchent dans des églises et font des prophéties personnalisées. J'ai observé un prophète annoncer aux membres d'une certaine église que le Seigneur veut qu'ils abandonnent leur église pour celle que le prophète bâtit.

Certains prophètes ont déstabilisé des églises entières avec ce genre de message. Je connais une église qui a perdu environ 500 membres durant le ministère d'un tel prophète. Le même prophète dévoila un présage au pasteur assistant de l'église : le Seigneur voulait qu'il quitte l'église. Nous avons ensuite découvert que ce pasteur assistant était devenu pasteur résident dans la nouvelle église du prophète.

Si je devais juger une telle action avec la parole de Dieu, je citerais le livre des Ephésiens. Paul nous montre le rôle des apôtres, des prophètes, des évangélistes, des pasteurs et des professeurs. Ils doivent prêcher le Corps du Christ pour que les saints deviennent des chrétiens stables. Lisez ceci :

Et il a donné les uns comme apôtres, les autres comme prophètes, [...] afin que nous ne soyons plus des enfants, flottants et emportés [...]
Ephésiens 4 : 11,14

Si un vrai prophète vient prêcher dans votre église, vous le reconnaîtrez à ses fruits. Si le fruit (le résultat final) de son ministère était la déstabilisation et la délocalisation des membres de l'église, je me demanderais s'il s'agit d'un prophète du Nouveau Testament. Lisez ceci ! Les prophètes sont censés prêcher et empêcher le mouvement des membres de l'église. Ils sont censés les empêcher d'adopter de nouvelles idées.

Je ne conseillerais pas à un pasteur d'accueillir un soi-disant prophète qui déstabilisera l'église qu'il a mis des années à construire. En tant que pasteur, mon devoir est de rassembler des brebis. De les empêcher de se perdre. **Je veux pouvoir dire à Jésus : « Parmi tous ceux que tu m'as donnés, je n'en ai perdu aucun ».** Je crois que je suis un bon pasteur, alors je me battrai pour chaque brebis que Dieu m'a confiée.

La récolte du prophète

Je me rappelle avoir eu une discussion avec un certain prophète. Il avait prêché en privé auprès de plusieurs membres proéminents de mon église, leur disant que le Seigneur voulait qu'ils quittent mon église. Le prophète ignorait que j'étais au courant de ses prophéties de déstabilisation annoncées à mes brebis. En fait, au moment où je lui ai parlé, certains membres de mon église avaient rejoint la sienne.

Je lui ai demandé : « Comment va votre ministère ? »

Il m'a répondu : « Bien. J'ai rencontré quelques problèmes, mais je survis. »

Nous avons discuté d'autres choses, puis il m'a dit : « J'ai invité un prophète à prêcher dans mon église. » (Même s'il était prophète, il était pasteur église.)

Il a continué : « Ce prophète m'a vraiment eu. »

« Comment ça ? » Lui demandé-je.

« Je l'ai invité à prêcher dans mon église et il a commencé à prophétiser auprès de tous les membres et leur a conseillé de me voir en privé », m'a-t-il expliqué.

Il s'est lamenté : « À la fin de la convention, j'avais perdu de nombreux membres de mon église. Ses prophéties se sont révélées exactes et une fois qu'il a gagné la confiance des gens, il leur a dit que Dieu voulait qu'ils quittent leur église. »

Je l'ai écouté sans rien dire pendant qu'il parlait de cette expérience.

Je me suis dit : « Il a trouvé son égal. Il a peut-être oublié les prophéties similaires annoncées aux membres de mon église ! »

Ce prophète ignorait qu'il récoltait la déstabilisation qu'il avait semée chez les membres d'autres églises.

Vous n'avez pas besoin qu'un prophète vous dise quelle église fréquenter. Vous n'avez pas besoin qu'un prophète vous dise qui épouser. Vous n'avez pas besoin qu'un prophète vous dise de faire don de votre voiture ou des économies de toute une vie. Vous avez la *parole de Dieu* ! Vous avez le *Saint-Esprit* et le bon sens que nous avons évoqué dans un chapitre précédent.

La Bible nous dit que Dieu nous parle dans le Nouveau Testament, surtout grâce à Sa parole, pas à Ses prophètes.

Après avoir autrefois, à plusieurs reprises et de plusieurs manières, parlé à nos pères par les prophètes, Dieu, dans ces derniers temps, nous a parlé par le Fils (la parole) [...]

Hébreux 1 : 1,2

Ne laissez pas un soi-disant prophète vous voler vos biens. L'exactitude des prophéties peut être tellement effrayante que vous croirez que c'est Dieu qui s'exprime. Parfois, c'est le mal qui pousse certains prophètes à agir. Ils annoncent des « paroles de savoir » exactes grâce à des pouvoirs sataniques avant de vous voler votre argent.

Certains prophètes sont guidés par différents esprits. Ils prêcheront avec beaucoup d'exactitude d'après l'Esprit de Dieu. Une fois qu'ils se sont rendu compte que vous êtes enchanté par l'exactitude du don, ils se laisseront guider par un autre esprit. Est-il possible que quelqu'un soit guidé par deux esprits en même temps ? Bien sûr ! Samson était habité par l'Esprit de Dieu alors qu'il s'adonnait à l'adultère et à la fornication.

Souvenez-vous quand Jésus a demandé à Pierre : « Pour qui les hommes me prennent-ils ? » Pierre répondit avec exactitude. Jésus confirma immédiatement que Pierre était guidé par le Saint-Esprit. Pierre ne pouvait pas savoir ce qu'il savait sans que l'Esprit de Dieu le lui révèle. Mais lors de la discussion qui suivit, Pierre commença à parler comme s'il était inspiré par Satan et Jésus dut le tancer en lui disant : « Arrière de moi, Satan. » Regardez Pierre sous l'influence du Saint-Esprit.

> **Et vous, leur dit-il, qui dites-vous que je suis ? Simon Pierre répondit : Tu es le Christ, le Fils du Dieu vivant. Jésus, reprenant la parole, lui dit : Tu es heureux, Simon, fils de Jonas, car ce ne sont pas la chair et le sang qui t'ont révélé cela, mais c'est mon Père qui est dans les cieux.**
>
> **Matthieu 16 : 15-17**

À présent, observez Pierre sous l'influence de Satan.

> **Dès lors Jésus commença à faire connaître à ses disciples qu'il fallait qu'il allât à Jérusalem, qu'il souffrît beaucoup de la part des anciens, des principaux sacrificateurs et des scribes, qu'il fût mis à mort, et qu'il ressuscitât le troisième jour. Pierre, l'ayant pris à part, se mit à le reprendre, et dit : À Dieu ne plaise, Seigneur ! Cela ne t'arrivera pas. Mais Jésus, se retournant, dit à Pierre : Arrière de moi, Satan ! TU M'ES EN SCANDALE, car tes pensées ne sont pas les pensées de Dieu, mais celles des hommes.**
>
> **Matthieu 16 : 21-23**

Comment se rapprocher d'un vrai prophète

Quel est le rôle d'un prophète ? Comment puis-je me rapprocher de quelqu'un qui se fait appeler prophète ? Etudions le ministère de Jésus car Il fut un grand prophète. Chaque fonction du Corps du Christ (apôtre, prophète, évangéliste, pasteur et enseignant) s'accompagne de différents ministères. Un prophète aura également différentes personnes à son service.

Un pasteur ayant la fonction de prophète se concentrera sur le prêche et sur l'enseignement. Méfiez-vous des prophètes qui ne prêchent pas la parole de Dieu mais qui donnent *seulement* des prophéties personnalisées. Ne vous méprenez pas, je crois aux prophéties personnalisées.

Mais comprenez bien que tout ce qui ne met pas la *parole* de Dieu à sa place est condamné à échouer au fil du temps. « Au commencement était la parole [...] » « Que la *parole* de Christ habite parmi vous abondamment [..]. ». « Ta parole est [...] une lumière sur mon sentier [...] » « La révélation de tes *paroles* éclaire... » Rien n'est l'œuvre de Dieu sans la parole, tout n'est que ténèbres.

Le trait principal des fonctions du ministère est d'enseigner et de prêcher. La parole passe avant tout, elle est primordiale dans toute fonction du ministère. Après avoir prêché et enseigné la parole, un prophète peut choisir le ministère de la guérison ou d'autres dons de révélation comme la « parole de savoir » et la « parole de sagesse ». Le prophète peut aussi choisir le ministère de la prophétie prédictive ou de la prophétie exhortative. Dans les Ecritures, vous pouvez voir que Jésus était un grand prophète.

[...] et ils glorifiaient Dieu, disant : Un grand prophète a paru parmi nous [...]

Luc 7 : 16

Mais son ministère principal était de prêcher et d'enseigner la parole de Dieu.

Jésus parcourait toutes les villes et les villages, enseignant dans les synagogues, prêchant la bonne nouvelle [...]

Matthieu 9 : 35

Jésus avait le ministère de la guérison.

> **Comment Dieu a oint [...] Jésus [...] qui allait de lieu en lieu faisant du bien et guérissant tous ceux qui étaient sous l'empire du diable [...]**
> **Actes 10 : 38**

Il a aussi utilisé ses dons pour la révélation. En tant que prophète, il a prêché auprès de la femme de Samarie :

> **Car tu as eu cinq maris, et celui que tu as maintenant n'est pas ton mari.**
> **Jean 4 : 18**

La femme de Samarie s'est immédiatement rendu compte qu'elle avait affaire à un prophète. Regardez sa réponse au prêche de Jésus.

> **Seigneur, lui dit la femme, je vois que tu es prophète.**
> **Jean 4 : 19**

Jésus a également professé la prophétie prédictive. Dans le livre de Matthieu, chapitre 24, Il a prédit la destruction du temple de Salomon. Ceci s'est produit en 70 après Jésus Christ, quand les Romains ont détruit Jérusalem.

En parlant du temple, il a dit :

> **[...] il ne restera pas ici pierre sur pierre qui ne soit renversée.**
> **Matthieu 24 : 2**

Jésus a donné des prédictions très détaillées concernant la fin du monde. Nous ferions bien de noter ces prophéties car Jésus était un grand prophète.

Le ministère d'un prophète

Si l'on s'inspire du récit ci-dessus, il est clair qu'un prophète est quelqu'un qui *prêche* et *enseigne*. Il administre

également la *guérison* et dispense la *parole de connaissance*. Un prophète annonce également des *prophéties* prédictives et exhortatives. C'est un ministère prophétique complet, et comme vous le voyez, la parole de Dieu passe avant tout. Cherchez de vrais prophètes, assurez-vous qu'ils sont authentiques. Cherchez des prophètes expérimentés se basant sur la parole de Dieu. Voici comment se rapprocher d'un prophète.

Chapitre 19

Le secret des sentiers aplanis

Confie-toi en l'ÉTERNEL de tout ton cœur et ne t'appuie pas sur ta sagesse. Reconnais-le dans toutes tes voies, et il aplanira tes sentiers.

Proverbes 3 : 5,6

Dieu nous dirige sur des sentiers aplanis. Dans ces versets, Dieu ne promet pas qu'Il vous guidera ! Dieu promet qu'Il guidera vos sentiers. Quelle est la différence entre vous guider et guider vos sentiers ? Quand Dieu vous dirige, Il vous parle et vous dit quoi faire. C'est ensuite à vous de faire ce qu'il faut et d'obéir à Sa voix. Mais quand Dieu guide vos sentiers, vous n'avez rien à faire. Ce sont vos sentiers qui doivent obéir aux instructions.

Votre devoir est de faire confiance au Seigneur et de croire qu'Il a tout organisé pour que vous suiviez naturellement Sa volonté. C'est ce qui se passe quand vous priez : « Que Ta volonté soit faite. » Jésus a prié « que Ta volonté soit faite » pendant trois heures dans le jardin de Gethsémani. Après avoir reçu une réponse à cette prière, Jésus n'avait plus rien à faire. Il a laissé les choses se faire naturellement.

Dieu vous ignore et parle à vos sentiers

Un jour, je me trouvais dans un aéroport. Ceux d'entre vous qui ont voyagé savent que les aéroports modernes sont des bâtiments gigantesques, un véritable labyrinthe de tunnels et de couloirs. C'était la première fois que je me trouvais dans cet aéroport. Je voyage souvent alors je connais de nombreux grands aéroports. Mais cette fois, j'ignorais où aller. En sortant de l'avion, j'ai attendu. Alors que je déambulais dans cet aéroport, Dieu m'a fait une révélation.

Je ne me suis pas perdu ! J'ai marché en confiance dans le labyrinthe de couloirs et je suis arrivé au bon endroit pour récupérer mes bagages. Personne ne m'a dit où aller ni quoi faire, mais j'ai continué à marcher. Dieu m'a montré que je ne me suis pas perdu dans l'aéroport car les autorités avaient organisé les couloirs et les tunnels de façon à ce que je ne puisse aller que dans une seule direction pour arriver à un endroit précis.

En marchant dans l'aéroport, je me suis rendu compte que de nombreuses portes étaient fermées. Il y avait de nombreuses zones de l'aéroport où je n'avais pas accès. Il y avait des panneaux partout qui indiquaient où les passagers venant de débarquer devaient aller.

C'est souvent de cette manière que Dieu vous guidera si vous prenez le temps de prier pour que Sa volonté soit faite dans votre vie. Vous pouvez ensuite marcher en confiance. **Vous ne savez peut-être pas quoi faire exactement, mais si vous continuez à prier pour que Sa volonté soit faite, Il guidera vos sentiers.** Dieu bloquera certaines portes et vous empêchera d'emprunter certaines routes.

Il s'assurera que vous ne puissiez aller que dans une direction précise. Il s'assurera que vous ne rencontriez que certaines personnes.

Souvent, je ne sais pas quoi faire. Je ne suis pas un surhomme. Je ne peux pas faire semblant de connaître l'esprit de Dieu tout le temps. Personne ne connaît toute la volonté de Dieu. Même Jésus a prié pour que la volonté de Dieu soit faite. J'ai passé des heures à prier que la volonté de Dieu soit faite au cours de ma vie. Je pense que tout chrétien sérieux doit faire ça !

Si vous vous engagez auprès de Dieu comme le dit la Bible dans le livre des Proverbes 3 : 5 et 6, Dieu s'engage à guider les sentiers de votre vie.

Ne pleurez plus parce que cet homme ne vous a pas épousée. Ne soyez pas triste parce que cette opportunité ne s'est pas concrétisée. Avez-vous prié pour que la volonté de Dieu soit faite ? Ne vous êtes-vous pas engagé auprès de Dieu ? Dieu répond à vos prières en ce moment-même ! Il guide votre vie. Vous ne devez pas forcément entendre une voix. Vous ne devez pas forcément avoir une vision. Continuez à marcher en ayant la foi et vous serez dans Sa volonté parfaite.

Chapitre 20

Comment faire pour affronter la voix des autres

Un autre domaine d'influence important est la voix des êtres humains. Les actions et les paroles d'autrui influencent beaucoup de gens. La plupart du temps, nous voulons être comme les autres. Vous voulez faire la même chose que vos pairs ! Mais souvent, il ne s'agit pas de la volonté de Dieu.

Dieu créa une nation spéciale appelée Israël. Il prévit de diriger cette nation directement grâce à ses prophètes et ses leaders spirituels. Quand le peuple d'Israël se rendit compte que toutes les autres nations avaient des rois, il décida d'avoir un roi, lui aussi. Même si la manière dont il était organisé était mieux, il voulait faire comme les autres.

> **Tous les anciens d'Israël s'assemblèrent, et vinrent auprès de Samuel à Rama. Ils lui dirent : Voici, tu es vieux, et tes fils ne marchent point sur tes traces ; MAINTENANT, ETABLIS SUR NOUS UN ROI POUR NOUS JUGER, COMME IL Y EN A CHEZ TOUTES LES NATIONS. L'Eternel dit à Samuel : écoute la voix du peuple dans tout ce qu'il te dira ; car ce n'est pas toi qu'ils rejettent, c'est moi qu'ils rejettent, afin que je ne règne plus sur eux. [...] mais donne-leur des avertissements [...] Le peuple refusa d'écouter la voix de Samuel. NON ! dirent-ils, MAIS IL Y AURA UN ROI SUR NOUS, ET NOUS AUSSI NOUS SERONS COMME TOUTES LES NATIONS [...]**
>
> **1 Samuel 8 : 4,5,7,9,19,20**

Voilà ce que j'appelle « la voix des autres ». C'est une voix si forte qu'elle empêche parfois d'entendre la douce voix du Saint-Esprit. Vous devez faire attention de ne pas vous laisser facilement influencer par les opinions de ceux qui vous entourent. On ne peut pas être un bon pasteur si on cherche à satisfaire son entourage. Voilà pourquoi une église n'est pas une démocratie. La nature essentielle de la démocratie fait des hommes des flatteurs et des menteurs.

Si je plaisais encore aux hommes, je ne serais pas serviteur de Christ.
Galates 1 : 10

Si vous voulez servir le Seigneur, faites attention de ne pas devenir un flatteur. Je me méfie des gens qui cherchent constamment à faire bonne impression. Ces personnes sont généralement hypocrites et elles peuvent facilement vous trahir.

Le 10 mars 1989, je suis devenu docteur en médecine. J'étais responsable d'une jeune église avec d'autres collègues médecins. Comme il était de coutume, la plupart de mes collègues partirent pour les Etats-Unis ou l'Angleterre après avoir travaillé un an à l'hôpital. Ils comptaient poursuivre leurs études et gagner plus d'argent.

À cette époque, ma famille et mes amis exercèrent une grande pression sur moi. Ils me disaient : « Tu es médecin. Un avenir radieux t'attend. » Mon père voulait que je me spécialise à l'université de Cambridge, mais je savais que le Seigneur m'avait appelé et je ne pouvais pas abandonner le ministère. Mon beau-père m'avait même proposé de m'aider à intégrer un bon service à l'hôpital universitaire.

Je remarquais toujours le regard anxieux et interrogateur de ma belle-mère. Ma belle-mère est très gentille, elle se faisait du souci pour nous. Elle s'inquiétait pour sa fille et pour moi. Je suis sûr qu'elle pensait que je gâchais ma vie en refusant de poursuivre une carrière lucrative et digne de médecin. Un jour, la pression est devenue si forte que j'ai été obligé de demander à ma chère belle-mère de ne plus aborder ce sujet.

À cette époque, notre église rassemblait seulement quelques étudiants et des chrétiens tourmentés. Le pastorat a toujours été une profession controversée et peu respectée. Mon père m'a dit : « Quel est ce travail qui est payé grâce à la quête de la menue-monnaie des gens ? Ce n'est pas un métier honorable ! »

J'étais vraiment sous pression. Si j'avais cédé à mon entourage, les âmes qui ont été sauvées grâce à ce ministère auraient peut-être péri. Je suis certain que beaucoup ont renoncé au ministère en cédant à la pression de leur entourage.

J'ai décidé d'ignorer la voix des autres quand je suis sûr que Dieu veut que je fasse quelque chose. Cela peut sembler critiquable ! Je ne plais peut-être pas à tout le monde ! Mais j'ai des comptes à rendre à Dieu. Malheur à moi si je ne prêche pas l'Evangile !

Mon entourage me dit : « Fais ceci » ou « Fais cela » ! On me dit : « Il te faut un hôpital. » Ou encore : « Il te faut une université ! » Ou bien : « Tu dois te rendre plus souvent dans d'autres églises. » Mais que me dit Dieu ?

Dieu veut-Il que j'utilise un million de dollars pour construire un hôpital ou pour bâtir des églises ? Je compte faire Sa volonté. Faites Sa volonté dans votre vie, je ferai Sa volonté dans la mienne ! **La voix des autres est la voix qui empêche d'entendre celle du Saint-Esprit.**

De nombreuses femmes cèdent à la voix des autres. « Pourquoi es-tu vierge à ton âge ? Profite de la vie, amuse-toi ! » On fera pression sur vous pour que vous épousiez un mécréant. « C'est un type bien. Si tu l'épouses, tu seras heureuse ». Mais la voix silencieuse de la Parole de Dieu vous dit de ne pas épouser un mécréant.

Certains membres de la congrégation disent aux pasteurs suppléants : « Vous êtes un excellent pasteur. J'aime venir à l'église quand vous prêchez ». La voix des autres leur dit : « Si vous étiez votre propre patron et pas un suppléant, votre ministère prospérerait ». Leur ministère prospérerait peut-être. Dieu a peut-être un grand dessein pour eux. **Mais assurez-vous que c'est la voix du Saint-Esprit que vous suivez, pas celle des autres.**

Certaines épouses dignes de Jézabel disent à leurs maris : « Tu pourrais avoir une belle voiture et beaucoup d'argent si tu quittais ce tyran qu'est ton supérieur. Tu n'as pas besoin de lui ! » La voix d'une femme est très forte. Il faut avoir des principes fermes pour rester dans la volonté de Dieu quand votre femme vous pousse dans une autre direction.

N'oubliez jamais ceci ! La voix des autres est la voix qui empêche d'entendre celle du Saint-Esprit. Ce ne sont pas les autres qui vous ont donné la vocation du ministère ! Les autres ne peuvent pas vous bénir ! Les autres ne peuvent pas vous élever ! Si vous agissez en fonction des autres, c'est à eux qu'il faudra vous adresser pour l'élévation. **Seul le Seigneur peut offrir l'élévation.**

Car ce n'est ni de l'orient, ni de l'occident, ni du désert, que vient l'élévation. Mais Dieu est celui qui juge : Il abaisse l'un et il élève l'autre.

Psaumes 75 : 6,7

Non seulement les autres ne peuvent rien pour vous, mais ils se retournent souvent contre vous au bout d'un moment. Vous rappelez-vous comment les gens ont accueilli Jésus en Messie le dimanche des Rameaux ? Quelques jours plus tard, les mêmes gens hurlaient : « Crucifiez-Le ! » Les gens qui L'ont acclamé ont retourné leur veste et L'ont assassiné.

Ne laissez pas la voix de vos amis ou de votre famille s'élever au-dessus de la voix de l'Esprit de Dieu.

Chapitre 21

Comment ne pas se laisser guider par les circonstances

[...] mais en qui les soucis du siècle et la séduction des richesses étouffent cette parole et la rendent infructueuse.
Matthieu 13 : 22

Le mot « circonstance » n'a pas besoin d'être expliqué. « *Circon* » a trait aux choses qui sont *autour*, et « *stances* » signifie *debout*. Donc, « **circonstances** » **signifie simplement « les choses qui se rencontrent au cours de votre vie »**. Ces circonstances peuvent être l'éducation, le mariage, le travail ou n'importe quel autre facteur.

Les circonstances dictent souvent ce que les chrétiens doivent faire. **Nous devons être guidés par l'Esprit de Dieu et pas par les circonstances.** Vous ne devez pas laisser les circonstances vous empêcher de faire ce que vous devez faire.

Quand je suis devenu étudiant en médecine, j'ai eu très peu de temps à consacrer à Dieu. Les circonstances étaient telles qu'il m'était presque impossible de prier ou de lire la Bible. Mais que me disait la voix silencieuse de la Parole de Dieu ? La Parole de Dieu me disait d'être ferme, inébranlable et de travailler toujours pour l'œuvre de Dieu.

> **Ainsi, mes frères bien-aimés, soyez fermes, inébranlables, travaillant de mieux en mieux à l'œuvre du Seigneur, sachant que votre travail ne sera pas vain dans le Seigneur.**
> **1 Corinthiens 15 : 58**

Et c'est exactement ce que j'ai fait. Les circonstances d'un étudiant en médecine étaient connues des autres étudiants. A cause de cela, les étudiants en médecine n'avaient pas le droit de diriger l'association chrétienne. Ils savaient que les circonstances de la vie d'un étudiant en médecine lui permettaient peu d'activité spirituelle.

Chaque jour, nous partions en bus à 7 h du matin pour l'hôpital universitaire situé à environ une heure de route. Nous y passions la journée jusqu'au soir. Quand nous rentrions au campus universitaire vers 18 h, nous étions épuisés et nous avions beaucoup de travail pour nos examens.

Comment peut-on être un leader chrétien tout en réussissant ses examens de médecine ? Mais la bonne nouvelle, c'est que j'ai réussi par la grâce de Dieu. Au cours de ma première année, j'ai commencé un ministère chrétien sur le campus universitaire. Ce ministère est toujours en place aujourd'hui ! Pendant ma quatrième année, j'ai créé une église qui est devenue un ministère mondial.

De nombreux chrétiens sont dirigés par les circonstances. C'est pour cela qu'ils s'écartent du Seigneur. Les circonstances de ce monde empêchent les vocations !

> **[...] mais en qui les soucis du siècle et la séduction des richesses étouffent cette parole, et la rendent infructueuse.**
> **Matthieu 13 : 22**

Dieu appelle de nombreuses personnes. Mais nombreux sont ceux dont la vocation est empêchée par les circonstances de la vie. De nombreuses personnes sont infructueuses, non pas parce qu'elles sont mauvaises. **Elles sont infructueuses parce que la voix des circonstances l'a emporté sur la voix de l'Esprit.**

Quand vous avez un bébé, votre emploi du temps est vraiment stressant. C'est à vous de vous élever au-dessus des circonstances et de prier. Diriez-vous qu'avoir un bébé est une malédiction ? Diriez-vous qu'être marié est une malédiction ? Si pour vous ce n'est pas une malédiction, pourquoi laissez-vous ces nouvelles circonstances étouffer la ferveur qui vous habitait ? Elevez-vous aujourd'hui au nom de Jésus. Elevez-vous au-dessus de la voix de vos circonstances.

Dieu vous a appelé pour faire de grandes choses dans cette vie. **Seuls les grands hommes s'élèvent au-dessus de la voix des circonstances.**

Chapitre 22

Comment démasquer le diable

Le diable lui dit [...]

Luc 4 : 3

Le diable s'est adressé à notre Seigneur Jésus. Satan Lui a parlé de trois sujets différents. Si vous pensez que Satan ne vous parlera jamais, vous vous trompez. Le diable tente et éprouve chacun de nous.

Jésus a dit : « Un servant n'est pas au-dessus de son maître. » S'Il a été tenté, alors nous serons tentés. Il est aisé de résumé les œuvres du diable en un mot : *tromperie*. Le diable est un menteur et un trompeur. Jésus l'a appelé le père du mensonge.

Vous avez pour père le diable et vous voulez accomplir les désirs de votre père. Il a été meurtrier dès le commencement, et il ne se tient pas dans la vérité, parce qu'il n'y a pas de vérité en lui. Lorsqu'il profère le mensonge, il parle de son propre fonds; car il est menteur et le père du mensonge.

Jean 8 : 44

La Bible décrit Satan comme quelqu'un qui trompe le monde entier. Quiconque peut tromper le monde entier doit être un très bon menteur et un très bon trompeur.

[...] le serpent ancien, appelé le diable et Satan, celui qui séduit toute la terre [...]

Apocalypse 12 : 9

Je connais certains politiciens qui ont réussi à tromper les masses. Certains d'entre eux sont capables de tromper des tribus et des régions d'un pays. Mais tromper le monde entier est une réussite fantastique. Ceci signifie que toutes les personnes intelligentes et sages ont été dupées par le mensonge.

Si vous vous rendez en Europe, vous verrez que des millions de gens ne croient pas à l'existence de Dieu. Ils pensent sincèrement que la religion n'est pas pratique. Ils croient que la vie n'est que terrestre et qu'il n'y a rien après la mort. De nombreuses personnes croient en ce concept. De nombreux Européens intelligents mais dupés sont d'accord avec ces idées.

Satan a réussi à captiver les esprits et les cœurs de ce monde grâce à de l'or, de l'argent et du plaisir. Même quand les réalités de la vie et de la mort s'abattent sur les gens aux funérailles, les intellectuels de ce monde refusent quand même d'admettre l'existence de Dieu.

Satan contrefait toutes les œuvres de Dieu afin de tenter de nous tromper. Si le Saint-Esprit donne des rêves, Satan créera aussi ses propres rêves. Si Dieu parle de manière audible, Satan parlera aussi de manière audible afin de vous troubler et de vous tromper. Voilà pourquoi la Bible dit qu'il y a de nombreuses voix dans le monde, mais qu'il n'en est aucune qui ne soit une langue intelligible.

Quelque nombreuses que puissent être dans le monde les diverses langues, il n'en est aucune qui ne soit une langue intelligible.

1 Corinthiens 14 : 10

Le diable peut ouvrir des portes pour vous tromper. Satan essaie également de fermer certaines portes dans votre vie. C'est pourquoi Jésus est décrit comme celui qui peut ouvrir des portes que personne ne peut fermer. C'est ce qui distingue l'ouverture d'une porte par Jésus et l'ouverture d'une porte par quelqu'un d'autre.

[...] celui qui ouvre, et personne ne fermera, celui qui ferme, et personne n'ouvrira [...]

Apocalypse 3 : 7

Si Dieu a ouvert une porte pour que vous épousiez Araba-Lucy, vous l'épouserez. Rien ne peut empêcher ni changer cela ! Si Dieu vous a choisi pour devenir pasteur parmi des milliers de gens, les fourbes mensonges de vos détracteurs ne peuvent pas fermer cette porte ouverte. Si Dieu vous a choisi pour devenir millionnaire dans Son royaume, le climat économique n'empêchera pas les bienfaits de Dieu.

Notre tâche principale consiste à reconnaître les pièges et les mensonges trompeurs de l'ennemi. La Bible n'enseigne jamais de se méfier de la puissance du diable. La force de Satan ne vient pas de sa puissance. En fait, il est impuissant contre vous.

C'est pourquoi Dieu nous instruit de faire attention à ses tours et à ses pièges.

Revêtez-vous de toutes les armes de Dieu, afin de pouvoir tenir ferme contre les ruses [*tromperies, trous, mensonges*] du diable.
              Ephésiens 6 : 11

Chapitre 23

Trois choses à vérifier pour éviter les erreurs lorsqu'on est guidé par l'esprit

Comment combattre les voix qui nous mentent ? Voici trois vérifications à effectuer impérativement. Elles permettent d'éliminer tout risque d'écouter la mauvaise voix.

Eliminez le risque de suivre la voix de votre chair en étant honnête avec vous-même. Quand vous vous rendez compte que votre chair vous influence, admettez-le. N'oubliez pas qu'être guidé par la chair, c'est la mort.

Trois vérifications essentielles

- **Le salut dans le grand nombre de conseillers**

    Et le salut est dans le grand nombre des conseillers.

    Proverbes 11 : 14

Rien ne vaut la sécurité qu'offre le conseil. Si vous avez eu une révélation de Dieu, soumettez-la à de nombreux conseillers (il y a une différence entre un conseiller et un ami). Quand vous soumettez vos révélations à une multitude de conseillers, vous bénéficiez de plus d'informations qui vous aident à prendre une meilleure décision.

Un aspirant pasteur voulait épouser une jeune femme de l'église. Il pria pendant plusieurs heures pour savoir qui épouser. Il prit finalement une décision et déclara que Dieu lui avait dit d'épouser une certaine femme. Juste avant de faire sa demande à la jeune femme, il décida de consulter un ancien et son pasteur.

L'ancien lui dit : « C'est une fille bien. Je ne vois aucun problème à ce que tu épouses cette chrétienne. »

Puis, par formalité, il décida d'en parler à son pasteur. Ce dernier lui dit : « Je vois. C'est une femme bien, mais je tiens à ce que vous sachiez une chose importante. »

Il déclara au prétendant : « Cette jeune femme est atteinte d'une grave maladie mentale. J'ai prié pour elle quand elle a développé la maladie. »

Le pasteur poursuivit : « D'après ce que je sais, elle prend toujours des médicaments pour contrôler les effets de cette maladie. »

Il continua : « Bien sûr, que cela ne vous empêche pas de l'épouser. Mais vous devez être conscient de cette réalité avant de prendre une décision. »

Le jeune homme fut interloqué. « Oh, je ne le savais pas ! », s'exclama-t-il.

Il dit au pasteur : « Merci beaucoup. Cela m'aidera à prendre une décision. »

Le salut de ce jeune homme est venu de la consultation de plus d'un conseiller. Le premier conseiller (l'ancien) n'a rien eu à redire. C'est le deuxième conseiller (le pasteur) qui connaissait des faits très importants que l'homme devait savoir. D'après cette histoire véritable, vous pouvez voir que le salut de ce jeune homme réside dans la multitude de conseillers. Il n'y a aucune révélation, aucune voix ou aucune instruction provenant de Dieu qui ne peut être soumise à une multitude de conseillers.

C'est la raison pour laquelle les futurs époux doivent être conseillés de manière approfondie. Bien des gens qui se marient ignorent ce qui les attend. Ils n'ont pas idée de l'expérience qu'ils s'apprêtent à vivre. Leur salut repose dans la multitude de conseillers.

■ **Examinez toutes choses**

Mais examinez toutes choses; retenez ce qui est bon.

1 Thessaloniciens 5 : 21

Un prophète vous a-t-il parlé ? Avez-vous reçu une prophétie personnalisée ? Avez-vous entendu une voix de Dieu ? Veuillez la soumettre à l'épreuve de la Parole de Dieu. Examinez *toutes* les voix que vous prétendez avoir entendues de Dieu.

J'utilise parfois le don de la prophétie. Quand j'entends une parole de savoir à propos de quelqu'un, j'interroge souvent l'individu concerné au sujet de ce que j'ai entendu. Je veux voir si elle est vraie et exacte car je sais que je pourrais me tromper. Quand un soi-disant prophète vous donne une parole de savoir afin de quitter votre mari pour un autre, veuillez la soumettre à la parole de Dieu.

N'est-ce pas la Parole de Dieu qui nous demande de ne pas divorcer ? Se pourrait-il qu'une voix prophétique annonce le contraire de la parole de Dieu ?

Les prophètes peuvent se tromper

Un prophète s'est entretenu avec deux de mes leaders qui allaient devenir pasteurs. Il leur a dit que moins d'un an après, ils auraient quitté le Ghana. Il leur a dit qu'ils seraient pasteurs, mais pas pour Lighthouse Chapel International. Ces pasteurs étaient troublés, ils ignoraient s'il s'agissait de la parole du Seigneur !

Un an plus tard, ces pasteurs n'habitaient pas plus à l'étranger que moi sur la Lune. Après deux ans, il était clair que cette prophétie ne s'était pas accomplie.

Ils sont devenus pasteurs et sont établis au sein de Lighthouse Chapel International au Ghana. Le passage du temps a prouvé qu'il s'agissait d'un prophète mal informé ou d'une prophétie erronée. Les prophètes sont humains, ils commettent aussi des erreurs.

Mais le prophète qui aura l'audace de dire en mon nom une parole QUE JE NE LUI AURAI POINT COMMANDÉ DE DIRE, ou qui parlera au nom d'autres dieux, ce prophète-là sera puni de mort. Quand ce que dira le prophète n'aura pas lieu et n'arrivera

pas, ce sera une parole que l'ETERNEL n'aura point dite. C'est PAR AUDACE QUE LE PROPHETE L'AURA DITE : n'aie pas peur de lui.

Deutéronome 18 : 20,22

Tous les prophètes, *toutes* les prophéties, les révélations et les voix doivent être examinés. Nous devons retenir ce qui est bon. Si vous donnez foi à toutes les prophéties, toutes les révélations et tous les rêves, vous finirez par croire n'importe quoi.

Quand Paul a reçu l'appel et la révélation de Dieu, il les a soumis à une vraie épreuve. Paul a eu plus de révélations que n'importe quel prophète contemporain, mais remarquez son principe de salut.

Mais, lorsqu'il plut à celui qui m'avait mis à part dès le sein de ma mère et qui m'a appelé par sa grâce de révéler en moi son Fils, afin que je l'annonçasse parmi les païens, aussitôt, je ne consultai ni la chair ni le sang, et je ne montai point à Jérusalem vers ceux qui furent apôtres avant moi, mais je partis pour l'Arabie. Puis je revins encore à Damas.

Galates 1 : 15-17

Paul a reçu une révélation de la part de Dieu. Il ne consultait ni la chair ni le sang. La révélation venait directement du Seigneur. Mais après plusieurs années, voyez comment Paul a soumis sa révélation à l'examen minutieux d'apôtres. Si vous voulez éviter les ennuis, suivez les principes édictés par Paul et votre ministère sera sain et équilibré.

Quatorze ans après, je montai de nouveau à Jérusalem avec Barnabas, ayant aussi pris Tite avec moi ; et ce fut d'après une révélation que j'y montai. JE LEUR EXPOSAI L'ÉVANGILE QUE JE PRÊCHE PARMI LES PAIENS, JE L'EXPOSAI EN PARTICULIER À CEUX QUI SONT LES PLUS CONSIDÉRÉS, AFIN DE NE PAS COURIR OU AVOIR COURU EN VAIN.

Galates 2 : 1,2

Paul a reçu une révélation de la part de Dieu en Arabie. Mais il a soumis sa révélation à l'examen minutieux de Pierre et d'autres apôtres qui étaient réputés. C'est la clé pour votre salut dans un champ de mines truffé de voix dangereuses.

■ La confirmation de deux témoins

Toute affaire se réglera sur la déclaration de deux ou de trois témoins.

1 Corinthiens 13 : 1

Avec Sa Parole, Dieu a créé un standard. Cela signifie que la bouche de deux ou plusieurs témoins établissent une chose comme certaine. **La règle de Dieu pour votre salut est simple : n'acceptez rien sans avoir la confirmation d'un deuxième témoin.**

Si un prophète donne une « parole », vous pouvez demander : « Qui est le second témoin ? » **Vous pouvez être le second témoin.** La prophétie peut confirmer une chose dont Dieu vous a déjà parlé.

Même s'il s'agit de rêves, un deuxième rêve aide à confirmer le message du premier. Remarquez comment Joseph a appliqué ce principe quand il interprétait les rêves de Pharaon.

Si Pharaon a vu le songe se répéter une seconde fois, c'est que la chose est arrêtée de la part de Dieu et que Dieu se hâtera de l'exécuter.

Genèse 41 : 32

Le principe de la confirmation par deux témoins est une vérification importante pour tous ceux qui désirent être guidés par la voix de Dieu en toute sécurité.

Chapitre 24

Pourquoi on doit écouter sa conscience

Dieu a donné une conscience à chacun. La conscience est cette voix intérieure sereine qui nous alerte quand nous nous égarons. Dans les cercles charismatiques, on n'entend presque jamais parler de la conscience. Votre conscience est la voix intérieure sereine qui vous dit que vous commettez une erreur.

Votre cœur (esprit) vous condamne parfois pour avoir commis une erreur.

> **Car si NOTRE CŒUR NOUS CONDAMNE, Dieu est plus grand que notre cœur, et il connaît toutes choses. Bien-aimés, si notre cœur ne nous condamne pas, nous avons de l'assurance devant Dieu.**
>
> **1 Jean 3 : 20,21**

Votre cœur est capable de vous condamner si vous agissez mal. C'est seulement quand votre cœur ne vous condamne pas que vous avez la confiance d'approcher Dieu. La confiance vient parce que vous savez que vous faites ce qui est juste. Les pasteurs doivent suivre leur conscience dans le ministère. Les chrétiens doivent suivre la voix de leur conscience. L'Apôtre Paul a dit qu'il essayait toujours de maintenir une bonne conscience.

> **C'est pourquoi je m'efforce d'avoir constamment une CONSCIENCE SANS REPROCHE devant Dieu et devant les hommes.**
>
> **Actes 24 : 16**

Tout chrétien qui décide de suivre sa conscience sera une personne morale et droite aux yeux du Seigneur. David a prié Dieu afin de rester sur le chemin de la vertu. **Votre conscience est l'instrument grâce auquel Dieu vous permet de rester sur le chemin de la vertu.** Quiconque prétend être guidé par l'Esprit ou par des prophètes sans écouter la voix de sa conscience est condamné à une vie et à un ministère tragiques.

Si vous continuez à ignorer la voix de votre conscience, elle s'endurcit et meurt. C'est ce que Paul a décrit comme une conscience flétrie.

Par l'hypocrisie de faux docteurs portant la marque de la FLÉTRISSURE DANS LEUR PROPRE CONSCIENCE.

1 Timothée 4 : 2

Un pasteur a eu une liaison avec l'un des membres de sa congrégation. La femme lui a demandé : « Pasteur, comment serez-vous capable de prêcher demain ? » Il a rit et a dit : « Quand je m'adonne à la fornication, je sens encore plus l'onction en moi. »

Ce pasteur avait l'habitude de commettre des péchés immoraux. C'était devenu partie intégrante de sa vie et de son ministère. *Sa conscience ne le condamnait plus.* Sa conscience s'était endurcie. Il pensait que le péché était amusant et il disait en plaisantant que l'onction était amplifiée par la fornication.

Dès que vous faites une erreur, répondez à la voix de votre cœur qui vous condamne. Elle vous permettra de vous repentir et de rentrer dans le rang. Après des années passées à négliger votre conscience, votre ministère sera naufragé. Un véritable désastre !

En gardant la foi et une bonne conscience. Cette conscience, QUELQUES-UNS L'ONT PERDUE, et ils ont fait NAUFRAGE [...]

1 Timothée 1 : 19

J'ai vu des pasteurs ignorer leur conscience. Ces ministères se finissent toujours en naufrage ! C'est pourquoi vous devez être prudent quant aux pensées qui traversent votre esprit. Si vous permettez certaines pensées, elles mèneront à d'autres développements. **C'est pourquoi vous devez éviter de dire des mensonges, même insignifiants.**

Ayez la conscience tranquille ! Laissez votre cœur vous rappeler quand vous avez tort ! La voix de votre conscience vous mènera sur le chemin de la vertu en toute sécurité. Je prie pour que vous viviez cette vie guidé par Dieu. Je vous vois profiter des conseils divins en appliquant les principes de ce livre à votre vie quotidienne !

Puisse le Seigneur vous bénir en suivant la voix de Dieu vers la réussite et la victoire ! Suivez Sa voix jusqu'au bout car tel est le plan de Dieu pour vous !

Chapitre 25

Douze degrés d'obéissance au Seigneur

[...]il n'y eut point de roi qui, comme lui, REVÎNT À L'ÉTERNEL DE TOUT SON CŒUR.

2 Rois 23 : 25

Une étude rapide révélera différents niveaux d'obéissance en ce qui concerne la voix de Dieu et celle du Saint-Esprit. C'est parce que Dieu donne différentes sortes d'instructions. En effet, il y a différents types de commandements. En parlant d'un des commandements de Dieu, Jésus a dit : cet ordre est semblable à l'autre commandement. « C'est le premier et le plus grand commandement. Et voici le second, qui lui est semblable [...] ». (Matthieu 22 : 38-39).

Certaines des instructions sont compliquées et difficiles et d'autres sont simples et faciles. Certaines sont si compliquées et si difficiles que peu de gens y obéissent. D'autres sont si simples et si faciles que les gens n'arrivent pas à croire que ces commandements sont l'œuvre de Dieu. C'est incroyable, mais ces différentes instructions du Seigneur engendrent différents niveaux de réaction que j'appelle les « niveaux d'obéissance ».

Obéiriez-vous au Seigneur s'Il vous demandait de donner à manger à quelqu'un ?

Obéiriez-vous au Seigneur s'Il vous demandait de vivre jusqu'à 90 ans ?

Obéiriez-vous au Seigneur s'Il vous demandait de ne vivre que 30 ans ?

Jésus Christ a obéi à tout ce qui Lui a été ordonné de faire et il est le meilleur exemple d'une personne obéissant à Dieu à tous les niveaux. Je veux que vous examiniez les différents niveaux d'obéissance afin de voir auquel vous appartenez. Quel est votre degré d'obéissance ?

Êtes-vous prêt à suivre le Saint-Esprit sur au cours de votre vie ?

1. Le premier niveau d'obéissance est : obéir à des instructions qui sont agréables.

Par exemple, la plupart des maris sont heureux et excités à l'idée d'obéir au commandement des Écritures demandant d'avoir des rapports sexuels avec leur femme. Aucune discipline ni aucun conseil n'est requis pour que nombre de maris respectent cette instruction. Voilà pourquoi il s'agit du premier niveau d'obéissance.

Que le mari rende à sa femme ce qu'il lui doit et que la femme agisse de même envers son mari.

1 Corinthiens 7 : 3

2. Le deuxième niveau d'obéissance est : obéir à des instructions qui sont en accord avec vos objectifs personnels et vos rêves d'enfance.

Dieu nous dit de faire de nombreuses choses, y compris certaines qui correspondent à nos rêves d'enfance. Ces instructions sont également faciles à suivre. Prenez par exemple le message de « sagesse » qui nous enseigne que « dans sa droite est une longue vie; et dans sa gauche, la richesse et la gloire » (Proverbes 3 : 16).

C'est un commandement très « aimable » de la part du Seigneur, car nous voulons tous une longue vie, la richesse et la gloire. Nous comprenons ces instructions et nous les aimons car nous voyons comment elles peuvent nous mener au sommet.

Aujourd'hui, les églises sont remplies de membres cherchant le succès et aimant la prospérité qui sont ravis que les sermons de leur pasteur coïncident exactement avec ces besoins et leurs rêves personnels.

En effet, le nombre de membres d'une église augmente quand les pasteurs continuent à dire ce que les gens veulent entendre. Les pasteurs sont sous pression : ils doivent prêcher ce que les membres de la congrégation veulent entendre plutôt que ce que le Seigneur veut leur dire. Il n'est pas étonnant que la plupart des pasteurs soient devenus des experts en superbes sermons sur la sagesse financière, l'argent, la réussite dans la vie, le mariage, le bonheur familial, l'abondance et la prospérité. Nombreux sont ceux qui vont à l'église le dimanche matin pour que le pasteur leur dise ce qu'ils veulent entendre.

Quand Jésus a donné du pain et du poisson, la foule s'est multipliée. Mais quand Il lui dit la vérité sur le fait de manger Son corps et Son sang, la foule s'est réduite à douze personnes.

Les gens aiment les instructions qui coïncident avec leurs objectifs personnels et leurs rêves d'enfance.

3. Le troisième niveau d'obéissance est : obéir à des instructions qui sont raisonnables.

Bien des commandements de Dieu sont raisonnables et faciles à comprendre. Le commandement « Tu ne voleras point » est raisonnable. Tout le monde peut voir que ce commandement vous évitera la prison et les ennuis. La parole de Dieu ordonne aux chrétiens de ne pas voler et les incite à travailler dur. « Que celui qui dérobait ne dérobe plus ; mais plutôt qu'il travaille, en faisant de ses mains ce qui est bien, pour avoir de quoi donner à celui qui est dans le besoin. » (Éphésiens 4 : 28). C'est le troisième niveau d'obéissance : obéir à des instructions qui sont raisonnables et avisées !

4. Le quatrième niveau d'obéissance est : obéir à des instructions qui débouchent sur quelque chose qui vous est bénéfique.

Encore une fois, certaines instructions vous permettent de vivre une meilleure vie. Ce sont des instructions que les chrétiens acceptent facilement. Par exemple, l'instruction : « Honore ton père et ta mère [...], afin que tu sois heureux et que tu vives longtemps sur la terre ». (Éphésiens 6 : 2-3).

Je veux être heureux et je veux vivre longtemps ! Tout le monde peut en dire autant. C'est une instruction que tout le monde comprend et qui débouche sur quelque chose de bien.

5. **Le cinquième niveau d'obéissance est : obéir à des instructions quand vous savez pourquoi elles ont été données.**

Dieu nous donne parfois des instructions et nous aide à comprendre pourquoi Il nous les donne. Par exemple, Jésus a dit :

> **Mais moi, je vous dis : aimez vos ennemis, bénissez ceux qui vous maudissent, faites du bien à ceux qui vous haïssent et priez pour ceux qui vous maltraitent et qui vous persécutent, afin que vous soyez fils de votre Père qui est dans les cieux ; car il fait lever son soleil sur les méchants et sur les bons et il fait pleuvoir sur les justes et sur les injustes.**
>
> **Si vous aimez ceux qui vous aiment, quelle récompense méritez-vous ? Les publicains aussi n'agissent-ils pas de même ?**
>
> **Et si vous saluez seulement vos frères, que faites-vous d'extraordinaire ? Les païens aussi n'agissent-ils pas de même ?**
>
> **Soyez donc PARFAITS, comme votre Père céleste est parfait.**
>
> **Matthieu 5 : 44-48**

Il nous a donné cette instruction que nous soyons parfaits comme notre père qui est aux cieux. Il nous a dit comment devenir parfaits comme notre père qui est aux cieux. D'après ces versets, nous pouvons voir *pourquoi* Dieu nous donne cette instruction.

6. **Le sixième niveau d'obéissance est : obéir à des instructions que nous ne comprenons pas.**

> **En tout et partout j'ai appris à être rassasié et à avoir faim, à être dans l'abondance et à être dans la disette.**
>
> **Philippiens 4 : 12**

Paul a dit qu'il lui avait été ordonné d'avoir faim et d'être rassasié.

Pourquoi aurait-il reçu des instructions contraires ?

Quel est l'intérêt d'avoir faim ?

Pourquoi dois-je connaître la disette ? En quoi cela aide-t-il ?

Je ne comprends pas en quoi avoir faim et connaître la disette aide le ministère. Mais Dieu donne certaines instructions que vous ne comprendrez jamais. Un plus grand niveau d'obéissance est exigé pour obéir à des instructions que nous ne comprenons pas ! Si Dieu vous demandait de faire quelque chose que vous ne comprenez pas, obéiriez-vous ?

7. Le septième niveau d'obéissance est : obéir à des instructions allant à l'encontre de la raison.

Pourquoi Dieu vous dit-Il de continuer à vivre dans un pays ravagé par la pauvreté et la famine alors que vous avez l'opportunité de vivre dans un pays prospère ? C'est exactement ce qu'il a ordonné à Isaac. « Il y eut une famine dans le pays, outre la première famine qui eut lieu du temps d'Abram ; et Isaac alla vers Abimélec, roi des Philistins, à Guérar. L'Éternel lui apparut et dit : Ne descends pas en Egypte, demeure dans le pays que je te dirai. Séjourne dans ce pays-ci. » (Genèse 26 : 1-3)

Aujourd'hui, peu de chrétiens obéiraient au Seigneur s'Il nous demandait de quitter nos villes prospères pour vivre dans des pays pauvres.

Cela va à l'encontre de la raison que votre famille quitte la sécurité de l'Amérique pour la dangereuse campagne d'Afrique de l'Ouest.

Même les pasteurs de l'Évangile ne veulent pas que leurs enfants deviennent pasteurs et vivent dans des pays pauvres comme le Ghana, le Mali, la Guinée ou le Niger.

En fait, la plupart des pasteurs préfèrent que leurs enfants deviennent médecins, avocats ou hommes d'affaires en Europe ou aux États-Unis, plutôt que pasteurs en Afrique de l'Ouest. Il va contre la raison de condamner ses enfants bien-aimés à une vie au sein d'une communauté pauvre et affamée plutôt que de les envoyer dans un endroit prospère et plaisant.

8. Le huitième niveau d'obéissance est : obéir à des instructions qui sont extrêmement compliquées.

Toute dîme de la terre, soit des récoltes de la terre, soit du fruit des arbres, appartient à l'Éternel ; c'est une chose consacrée à l'Éternel.

Lévitique 27 : 30

La dîme est un commandement difficile pour de nombreux chrétiens. Tout le monde a besoin d'un peu plus d'argent. La plupart d'entre nous avons des dépenses qui excèdent nos revenus.

Il est donc extrêmement difficile de prélever 10 % de nos revenus déjà insuffisants pour les donner en faveur de vagues projets religieux. C'est pourquoi de nombreux chrétiens n'obéissent pas à l'instruction de payer la dîme.

9. Le neuvième niveau d'obéissance est : obéir à des instructions qui vous rendent impopulaire.

Les pasteurs et les prophètes hésitent à prêcher et à prophétiser des choses qui les rendent impopulaires. Jérémie s'est plaint que de faux prophètes mentaient et prédisaient uniquement de bonnes choses. Quand vous prédisez de mauvaises choses, vous devenez impopulaire. Personne n'aime entendre de mauvaises prédictions concernant l'avenir. Parfois, obéir aux instructions du Seigneur concernant ce que vous devez prêcher peut vous rendre impopulaire.

Jérémie était impopulaire car il prédisait constamment de mauvaises choses. Il s'est même opposé aux bonnes prophéties et bonnes prédictions d'autres prophètes. Il a dit que toutes ces belles prophéties n'étaient que mensonges. Pas étonnant que Jérémie ait été un prophète impopulaire. Mais il était populaire auprès de Dieu. Son nom et ses prophéties sont inclus dans la Bible. Ses prophéties impopulaires ont fini par se réaliser et les prophètes populaires se sont avérés être de faux prophètes.

Je répondis : Ah ! Seigneur Éternel ! Voici, les prophètes leur disent : Vous ne verrez point d'épée, vous n'aurez point de famine ; mais je vous donnerai dans ce lieu une paix assurée.

Et l'Éternel me dit : c'est le mensonge que prophétisent en mon nom les prophètes ; Je ne les ai point envoyés, Je ne leur ai point donné d'ordre, Je ne leur ai point parlé ; ce sont des visions mensongères, de vaines prédictions, des tromperies de leur cœur, qu'ils vous prophétisent.

Jérémie 14 : 13-14

10. **Le dixième niveau d'obéissance est : obéir à des instructions qui sont étranges.**

[...] tout mâle parmi vous sera circoncis. Vous vous circoncirez ; et ce sera un signe d'alliance entre moi et vous.

Genèse 17 : 10-11

La plupart des chrétiens ont du mal avec les instructions qui les font paraître idiots ou bizarres. En quoi est-ce important de couper le prépuce de chaque homme adulte ? Tous ceux qui étaient mutilés de la sorte étaient malades et souffraient pendant plusieurs jours.

Sans anesthésie et sans antibiotiques, Abram a reçu l'instruction de pratiquer cette opération incroyable sur chaque homme adulte. Abram a obéi à Dieu et a demandé à tous ses hommes de pratiquer cette opération bizarre dans le désert.

Abram a obéi à Dieu et a accompli une chose ridicule. C'est l'une des raisons pour lesquelles Abram s'est imposé comme le père de la foi et le père des obéissants.

11. **Le onzième niveau d'obéissance est : obéir à des instructions qui causent des maux évidents.**

De nombreux chrétiens auraient du mal à obéir si le Seigneur leur ordonnait d'épouser une prostituée. De nombreux maux pourraient découler de cette union avec une prostituée. Osée aurait pu attraper la blennorragie, la syphilis, l'herpès ou la chlamydiose en épousant une prostituée. L'épouse prostituée d'Osée aurait pu lui être infidèle car il n'était pas aussi performant que certains de ses anciens clients. Quel genre de mère serait cette prostituée pour les enfants d'Osée ? C'était une instruction qui risquait d'engendrer bien des maux. Mais Osée a obéi au Seigneur et a épousé la prostituée dont Dieu lui avait parlé.

La première fois que l'ÉTERNEL adressa la parole à Osée, l'ÉTERNEL dit à Osée : Va, prends une femme prostituée et des enfants de prostitution ; car le pays se prostitue, il abandonne l'ETERNEL ! Il alla et il prit Gomer, fille de Diblaïm. Elle conçut, et lui enfanta un fils.

Osée 1 : 2-3

De même, de nombreux chrétiens auraient du mal à obéir à l'ordre de tuer des hommes, des femmes et des enfants.

Plus vous avancez dans la foi, plus le Seigneur risque de vous demander de faire des choses pouvant blesser autrui. Soyez prêt à respecter les niveaux d'obéissance les plus élevés, en faisant quelque fois des choses qui vous semblent insensées.

Ainsi parle l'Éternel des armées : Je me souviens de ce qu'Amalek fit à Israël, lorsqu'il lui ferma le chemin à sa sortie d'Égypte.

Va maintenant, frappe Amalek et dévouez par interdit tout ce qui lui appartient ; tu ne l'épargneras point et tu feras mourir hommes et femmes, enfants et nourrissons, bœufs et brebis, chameaux et ânes.

1 Samuel 15 : 2-3

12. Le douzième niveau d'obéissance est : obéir à des instructions qui peuvent causer votre mort.

Jésus prit les douze auprès de lui, et leur dit : Voici, nous montons à Jérusalem, et tout ce qui a été écrit par les prophètes au sujet du Fils de l'homme s'accomplira.

Car il sera livré aux païens ; on se moquera de lui, on l'outragera, on crachera sur lui, et, après l'avoir battu de verges, on le fera mourir ; et le troisième jour il ressuscitera.

Luc 18 : 31-33

C'est le niveau d'obéissance le plus élevé : suivre une instruction qui causera votre destruction et votre perte. Jésus a suivi les instructions de Son père et a été crucifié. Il n'y avait rien de rationnel, de raisonnable ou d'agréable dans l'humiliation, la torture et la mort causées par les cruels soldats du brutal empire romain.

Votre développement spirituel doit se poursuivre jusqu'à ce que vous soyez malléable et flexible entre Ses mains. Vous devez être tellement consentant et obéissant que le Seigneur peut vous demander d'avoir faim pour Lui.

Vous devez être tellement consentant et obéissant que le Seigneur peut vous demander de vivre ou de mourir pour Lui.

Vous devez être tellement consentant et obéissant que le Seigneur peut vous demander d'être heureux ou d'accepter le malheur comme étant votre lot sur cette terr

Chapitre 26

Alternatives fréquentes à l'obéissance

Les chrétiens aiment faire le bien pour impressionner autrui. Nombreuses sont les bonnes actions qui ne sont que des alternatives rusées à l'obéissance simple.

Obéissez au Seigneur et arrêtez de faire toutes sortes d'autres choses qu'Il ne vous a pas demandées. Dieu ne vous récompensera pas parce que vous avez fait beaucoup de bonnes choses mais parce que vous lui avec obéi. Souvent, obéir à Dieu *ne* vous vaudra *pas* d'être honoré par les hommes.

Mais pourquoi chercher les louanges des hommes ? Si vous satisfaites les hommes, vous ne pouvez pas satisfaire Dieu.

Quand Dieu demande de Le servir, les hommes trouvent des alternatives plaisantes à la vraie volonté de Dieu. Voici quelques exemples de ces alternatives à l'obéissance pure.

1. Remplir des obligations familiales est une alternative courante à l'obéissance à Dieu.

Si quelqu'un vient à moi et S'IL NE HAIT pas son père, sa mère, sa femme, ses enfants, ses frères, et ses sœurs et même à sa propre vie, il ne peut être mon disciple.

Luc 14 : 26

L'une des raisons courantes que les gens donnent pour négliger les instructions de Dieu est leur famille. La Bible est remplie d'instructions stipulant d'honorer ses parents, d'obéir à son mari, d'aimer sa femme, de s'occuper de ses enfants et de respecter les anciens. Beaucoup se servent de ces versets comme une excuse pour ne pas suivre la voix de Dieu. Des déclarations comme : « Dieu d'abord, la famille ensuite et enfin le ministère » ont été inventées pour étayer ces excuses. Mais cette déclaration n'est pas dans la Bible. C'est l'idée de quelqu'un. La famille est importante. Dieu est le créateur de la famille. Il ne vous mènera pas sur un chemin qui détruira votre famille.

Quand il est arrivé que les Israélites ne veuillent pas obéir au Seigneur, ils ont déclaré que leurs enfants périraient dans le désert. C'est à cause de leurs enfants qu'ils n'ont pas suivi la volonté de Dieu. Cette excuse a déclenché le courroux du Seigneur et Il leur a montré quand Il les a punis dans le désert. Il a dit :

> **Et vos petits enfants, dont vous avez dit : Ils deviendront une proie ! Et vos fils, qui ne connaissent aujourd'hui ni le bien ni le mal, ce sont eux qui y entreront, c'est à eux que je le donnerai, et ce sont eux qui le posséderont.**
>
> **Deutéronome 1 : 39**

Même Jésus a dû lutter contre ces excuses familiales. Les gens qui ne voulaient pas Le suivre se servaient de leur père ou de la présence de proches à leur domicile comme d'une excuse pour ne pas l'accompagner.

Mais Jésus a dit qu'il faudrait *détester* père et mère, frères et sœurs et mari et femme afin de Le suivre. Votre famille ne doit pas passer avant votre vocation. Votre famille ne doit pas vous empêcher de répondre à l'appel de Dieu.

> **Il dit à un autre : Suis-moi. Et il répondit :**
>
> **Seigneur, permets-moi d'aller d'abord ensevelir mon père.**
>
> **Mais Jésus lui dit : Laisse les morts ensevelir leurs morts ; et toi, va annoncer le royaume de Dieu.**
>
> **Un autre dit : Je te suivrai, Seigneur, mais permets-moi d'aller d'abord prendre congé de ceux de ma maison.**
>
> **Jésus lui répondit : Quiconque met la main à la charrue et regarde en arrière n'est pas propre au royaume de Dieu.**
>
> **Luc 9 : 59-62**

2. Écouter votre femme est une alternative courante a l'obéissance à Dieu.

Il dit à l'homme : Puisque tu as écouté la voix de ta femme [...]

Genèse 3 : 17

Abram écouta la voix de Saraï.

Genèse 16 : 2

Les deux plus grands problèmes de ce monde sont venus d'hommes ayant écouté leur femme plutôt que d'obéir à Dieu. La voix de votre femme n'est pas la même que celle de Dieu.

Les femmes ont l'air gentil, doux et inoffensif, mais ce n'est pas une raison pour ignorer la voix de Dieu et faire ce qu'elles disent.

Dieu n'est pas une femme !

Dieu n'est pas une épouse !

Votre femme n'est pas Dieu !

Veillez à ne pas l'oublier ! Suivez Dieu et vous serez béni.

Suivez votre femme et vous risquez d'être maudit.

Demandez à Abram ce qui lui est arrivé.

Demandez à Adam ce qui lui est arrivé.

Ma femme sait que je désire plus que tout suivre Dieu, même si cela signifie ne pas suivre ses désirs.

Parce que la Bible nous enseigne d'aimer nos femmes, de nombreux pasteurs se sentent obligés d'écouter leurs femmes et de les satisfaire. Ceci peut être un piège menant à votre perte. Ceci a mené Adam à sa perte et nous subissons tous les conséquences de la faute d'un leader qui a écouté sa femme plutôt que Dieu.

Cette erreur a également causé la perte d'Abram. Aujourd'hui, nous subissons tous les conséquences du conflit mondial créé par Abram en écoutant sa femme.

Si vous êtes un leader ou un homme d'autorité, vous devez faire très attention à la pression que votre femme exerce sur vous. Veillez à ne pas mener votre ministère sur le chemin de l'échec à cause de la voix de votre femme.

Obéir à votre femme ne sera jamais un substitut suffisant à l'obéissance à la voix de Dieu.

3. Collecter de l'argent au nom de dieu et de ses œuvres est une alternative courante à l'obéissance à Dieu.

Pourquoi n'as-tu pas écouté la voix de l'Éternel ? Pourquoi t'es-tu jeté sur le butin, et as-tu fait ce qui est mal aux yeux de l'Éternel ?

I Samuel 15 : 19

Saül a épargné les brebis et les chèvres et a récolté de l'argent pour le Royaume de Dieu. La désobéissance de Saül a permis de récolter une somme importante pour le peuple de Dieu. Le butin devait servir à nourrir les soldats et à maintenir le moral des troupes. Mais Dieu n'a pas été impressionné par l'argent, même s'il devait servir pour Sa maison.

Il est incroyable que des décisions pour l'œuvre de Dieu puissent ne sembler justes qui si elles génèrent un profit financier.

Réaliser des profits financiers n'est pas la même chose qu'obéir à Dieu. Obéir à Dieu peut être profitable du point de vue financier, mais cela peut aussi être tout le contraire. C'est au Seigneur de décider.

Nombreux sont ceux qui pensent qu'une fois que l'argent a été collecté et que les œuvres de Dieu sont financées, la volonté de Dieu est faite. En fait, de nombreux pasteurs mesurent leur réussite aux offrandes qu'ils reçoivent. C'est une pratique très dangereuse, car la réussite et la prospérité ne signifient pas que vous êtes dans la volonté de Dieu.

Un jour, un pasteur rebelle et pernicieux m'a montré le cadeau que lui avait fait un chrétien riche. Il a remarqué que Dieu était avec lui et que Dieu l'aidait à être si pernicieux.

Il a dit : « Ce cadeau prouve que Dieu est avec moi et qu'Il est satisfait de mon travail. » Ce n'était pas ce que je pensais. Je ne pensais pas que Dieu était avec lui et je ne pensais pas que Dieu approuvait ses méfaits. Il est triste de constater qu'il tirait son assurance d'être dans la volonté de Dieu de l'argent récolté sous son ministère.

4. Montrer de la compassion envers les gens est une alternative courante à l'obéissance à Dieu.

Dans le même temps, Josué se mit en marche, et il extermina les Anakim de la montagne d'Hébron, de Debir, d'Anab, de toute la montagne de Juda et de toute la montagne d'Israël ; Josué les dévoua par interdit, avec leurs villes.

IL NE RESTA POINT D'ANAKIM DANS LE PAYS des enfants d'Israël; IL N'EN RESTA QU'À GAZA, À GATH ET À ASDOD.

Josué 11 : 21-22

Personne n'est plus sage que Dieu et personne n'est plus compatissant que Dieu.

Nombreux sont ceux qui s'adonnent à différents actions de compassion en pensant que cela représente un bon substitut à l'obéissance à Dieu. Au lieu de faire exactement ce que Dieu demande, ils font quelque chose d'impressionnant et de compatissant. Au lieu de payer la dîme, nombreux sont ceux qui donnent leur argent aux pauvres ou aux malades.

Josué a fait preuve de compassion envers les villes de *Gaza*, *Gath* et *Asdod*. Il n'a pas tué les Philistins qui s'y trouvaient et leur a laissé la vie sauve, contrairement aux instructions claires de Dieu. Des années plus tard, la désobéissance a porté ses fruits. Ces trois villes, qui n'ont pas été anéanties par Josué, ont produit les ennemis les plus acharnés des enfants d'Israël.

Gath a produit Goliath qui s'est battu contre Israël. « Un homme sortit alors du camp des Philistins et s'avança entre les deux armées. Il se nommait Goliath, il était de Gath et il avait une taille de six coudées et un empan ». (1 Samuel 17 : 4).

Gaza a produit la catin qui a détruit Samson. « Samson partit pour Gaza ; il y vit une femme prostituée, et il entra chez elle ». (Juges 16 : 1).

Asdod était la ville qui a capturé l'arche de Dieu et l'a mise dans le temple de Dagon. « Les Philistins prirent l'arche de Dieu et ils la transportèrent d'Ében Ézer à Asdod. Après s'être emparés de l'arche de Dieu, les Philistins la firent entrer dans la maison de Dagon et la placèrent à côté de Dagon ». (1 Samuel 5 : 1-2).

Assurez-vous de ne pas être plus bienveillant que Dieu.

Assurez-vous de ne pas être plus compatissant que Dieu Lui-même.

Assurez-vous de ne pas être plus aimant que Jésus. Il y a un problème avec votre amour et votre compassion quand un pécheur comme vous est loué comme étant plus bienveillant que Dieu !

5. Faire des sacrifices que Dieu n'a pas exigés est une alternative courante à l'obéissance à Dieu.

Qu'ai-je affaire de la multitude de vos sacrifices ? dit l'Éternel.

Ésaïe 1 : 11

La Bible comporte de nombreux exemples de personnes faisant des sacrifices que Dieu n'avait pas demandés. Le Roi Saül, Nadab et Abihu sont quelques exemples de gens qui ont fait des sacrifices que Dieu n'avait pas demandés.

Ces sacrifices ont courroucé le Seigneur car ils étaient une démonstration hypocrite de fausse adoration.

Dieu n'est pas satisfait par ces sacrifices, même si les hommes sont impressionnés. Dieu n'est pas dupe du spectacle du sacrifice et de l'humilité. Dieu préfère toujours l'obéissance à toute forme de sacrifice.

Samuel dit : L'ÉTERNEL trouve-t-il du plaisir dans les holocaustes et les sacrifices, comme dans l'obéissance à la voix de l'ÉTERNEL ? Voici, l'obéissance vaut mieux

que les sacrifices et l'observation de sa parole vaut mieux que la graisse des béliers.

1 Samuel 15 : 22

Vous pouvez perdre la vie quand vous faites des sacrifices qui ne vous ont pas été demandés. Demandez à Nadab et Abihu ce qui leur est arrivé quand ils ont fait des sacrifices qui ne leur avaient pas été demandés. « Les fils d'Aaron, Nadab et Abihu, prirent chacun un brasier, y mirent du feu, et posèrent du parfum dessus; ils apportèrent devant l'éternel du feu étranger, ce qu'il ne leur avait point ordonné. Alors le feu sortit de devant l'ÉTERNEL et les consuma : ils moururent devant l'Éternel ». (Lévitique 10 : 1,2).

Même dans le Nouveau Testament, les chrétiens reconvertis se croient vertueux en faisant certains sacrifices et en s'imposant certaines épreuves. Souvent, Dieu ne vous demande pas de vous imposer des épreuves. Tout ce qu'il vous demande, c'est d'obéir.

Jeûner jusqu'à la mort

Un jour, en plein jeûne, je me suis évanoui et je n'arrivais plus à me relever. J'ai demandé au Seigneur de me sauver la vie. Je ne voulais pas mourir. Mais le Seigneur m'a simplement rappelé qu'Il ne m'avait pas demandé d'endurer ces épreuves. J'avais jeûné de cette façon car j'avais imposé cette épreuve à mon corps depuis des années.

Chaque année, plus dur était le traitement infligé à mon corps, plus je me sentais puissant et vertueux. Mais la Bible est très claire à ce sujet : les épreuves difficiles imposées à votre corps ne vous rendent pas vertueux et ne vous élèvent pas au-dessus de la chair.

Ne prends pas ! Ne goûte pas ! Ne touche pas !

Ils ont, à la vérité, une apparence de sagesse, en ce qu'ils indiquent un culte volontaire, de l'humilité et LE MÉPRIS DU CORPS, mais ils sont sans aucun mérite et contribuent à la satisfaction de la chair.

Colossiens 2 : 21,23

Nous aimons effectuer des actions qui nous laissent penser que nous sommes vertueux. « Ne connaissant pas la justice de Dieu et cherchant à établir leur propre justice, ils ne se sont pas soumis à la justice de Dieu ». (Romains 10 : 3).

Paul nous dit comment surmonter nos désirs charnels sans maltraiter nos corps. C'est une des clés pour la réussite dans la vie. Surmonter ses pulsions charnelles devient possible quand on s'attache aux choses d'en haut et non à celles qui sont sur la terre. (Colossiens 3 : 1-3).

Chapitre 27

Promesses et bénédictions dans l'obéissance

Comment puis-je être béni ?

Il y a trois façons principales de recevoir une bénédiction dans sa vie. La première est d'être né dans une famille bénie. Les bénédictions tendent à être héréditaires. Une autre façon de recevoir une bénédiction est d'être associé à une personne bénie. La troisième façon d'être béni, c'est d'obéir à Dieu.

Les bénédictions qui récompensent l'obéissance sont plus faciles à prévoir et à déterminer. En obéissant à Dieu, vous pouvez profiter de bénédictions dans votre vie. Dans ce chapitre, je veux que vous appreniez, que vous compreniez et que vous croyiez au pouvoir de l'obéissance à la parole de Dieu.

Dans la Bible, tous ceux qui ont obéi à Dieu ont été abondamment bénis grâce à leur obéissance. L'obéissance est la clé de la bénédiction par Dieu !

Sept promesses directes de l'obéissance

1. Vous appartiendrez à Dieu si vous lui obéissez.

> Maintenant, si vous écoutez ma voix, et si vous gardez mon alliance, VOUS M'APPARTIENDREZ entre tous les peuples, car toute la terre est à moi.
>
> Exode 19 : 5

2. Votre obéissance vous rendra heureux, vos enfants et vous.

> Oh ! S'ils avaient toujours ce même cœur pour me craindre et pour observer tous mes commandements, afin QU'ILS FUSSENT HEUREUX À JAMAIS, eux et leurs enfants !
>
> Deutéronome 5 : 29

3. **Vos jours seront prolongés grâce à l'obéissance au Saint-Esprit.**

Et si tu marches dans mes voies, en observant mes lois et mes commandements, comme l'a fait David, ton père, je PROLONGERAI TES JOURS.

1 Rois 3 : 14

4. **Tous vos projets seront bénis grâce à l'obéissance.**

Mais celui qui aura plongé les regards dans la loi parfaite, la loi de la liberté, et qui aura persévéré, n'étant pas un auditeur oublieux, mais se mettant à l'œuvre, celui-là sera HEUREUX DANS SON ACTIVITÉ.

Jacques 1 : 25

5. **Vous aurez accès à l'arbre de vie grâce à votre obéissance.**

Heureux ceux qui lavent leurs robes, afin d'avoir droit à l'arbre de vie, et d'entrer par les portes dans la ville !

Apocalypse 22 : 14

6. **Vous serez doté d'une bonne santé grâce à votre obéissance.**

Il dit : Si tu écoutes attentivement la voix de l'ÉTERNEL, ton Dieu, si tu fais ce qui est droit à ses yeux, si tu prêtes l'oreille à ses commandements et si tu observes toutes ses lois, je ne te frapperai D'AUCUNE DES MALADIES, dont j'ai frappé les égyptiens ; car je suis l'ÉTERNEL, qui te guérit.

Exode 15 : 26

7. **Vous serez béni par la multiplication grâce à votre obéissance.**

Car je te prescris aujourd'hui d'aimer l'ÉTERNEL, ton Dieu, de marcher dans ses voies, et d'observer ses commandements, ses lois et ses ordonnances, afin que tu VIVES ET QUE TU MULTIPLIES, et que l'ÉTERNEL, ton Dieu, te bénisse dans le pays dont tu vas entrer en possession.

Deutéronome 30 : 16

Quatre bénédictions directes pour l'obéissance

1. Obéir à la voix de Dieu engendre le bienfait d'un ministère mondial et durable.

Il n'est pas donné à tout le monde d'avoir un ministère mondial. Certains ont un ministère dans leur communauté. D'autres ont un ministère dans leur nation.

> D'autres enfin ont un ministère dans le monde entier. Dieu vous accordera peut-être un ministère mondial si vous Lui obéissez comme l'a fait Abram.
> Et L'ÉTERNEL DIT À ABRAM : VA-T-EN DE TON PAYS, de ta patrie et de la maison de ton père, dans le pays que je te montrerai. Je ferai de toi une grande nation, et je te bénirai ; je rendrai ton nom grand et tu seras une source de bénédiction.
> Je bénirai ceux qui te béniront, et je maudirai ceux qui te maudiront ; et toutes les familles de la terre seront bénies en toi.
> ABRAM PARTIT, COMME L'ÉTERNEL LE LUI AVAIT DIT.
> Genèse 12 : 1-4

> Je multiplierai ta postérité comme les étoiles du ciel ; je donnerai à ta postérité toutes ces contrées et toutes les nations de la terre seront bénies en ta postérité,
> PARCE QU'ABRAM A OBEI À MA VOIX, ET QU'IL A OBSERVÉ MES ORDRES, MES COMMANDEMENTS, MES STATUTS ET MES LOIS.
> Genèse 26 : 4-5

2. Obéir à la voix de Dieu engendre la bénédiction de la grandeur.

Peut-être avez-vous désiré prospérer et peut-être avez-vous tout fait pour vous rendre grand. Mais on ne peut atteindre la grandeur que grâce au Seigneur.

N'enviez pas les gens qui connaissent la grandeur en obéissant à Dieu. N'ayez pas pitié des gens qui obéissent à Dieu. N'ayez pas de chagrin pour ceux qui ont donné leur vie pour l'évangile. Leur obéissance les conduira à la grandeur ! C'est en obéissant au Seigneur qu'Isaac a connu la grandeur.

Il y eut une famine dans le pays, outre la première famine qui eut lieu du temps d'Abram; et Isaac alla vers Abimélec, roi des Philistins, à Guérar.

L'Éternel lui apparut, et dit : Ne descends pas en Égypte, demeure dans le pays que je te dirai.

Séjourne dans ce pays-ci : je serai avec toi et je te bénirai, car je donnerai toutes ces contrées à toi et à ta postérité et je tiendrai le serment que j'ai fait à Abram, ton père.

Je multiplierai ta postérité comme les étoiles du ciel; je donnerai à ta postérité toutes ces contrées; et toutes les nations de la terre seront bénies en ta postérité.

Genèse 26 : 1-4

Isaac sema dans ce pays et il recueillit cette année le centuple ; car l'éternel le bénit.

Cet HOMME DEVINT RICHE, ET IL ALLA S'ENRICHISSANT DE PLUS EN PLUS, JUSQU'À CE QU'IL DEVINT FORT RICHE. Il avait des troupeaux de menu bétail et des troupeaux de gros bétail et un grand nombre de serviteurs : aussi les Philistins lui portèrent envie.

Genèse 26 : 12-14

3. Obéir à la voix de Dieu offre la bénédiction d'une longue vie, la richesse et l'honneur.

Les Écritures montrent comment David s'est efforcé d'obéir à Dieu autant que possible. Il était humain et il s'est fourvoyé à cause d'Urie le Hittite. Mais il a accompli TOUTE LA VOLONTÉ de Dieu et a été béni par le Seigneur.

David s'est couvert de richesses et de gloire ! Malheureusement, ce n'est pas le cas de tout le monde. Beaucoup d'entre nous connaissent la disgrâce, la pauvreté et ont une vie écourtée. Pitié ! Puisse Dieu nous accorder la grâce de continuer à obéir à Sa volonté parfaite afin que nous connaissions la même fin que David : une longue vie, plaine de richesses et d'honneur.

> Il se livra à tous les péchés que son père avait commis avant lui ; et son cœur ne fut point tout entier à l'Éternel, son Dieu, comme l'avait été le cœur de David, son père.
>
> Mais à cause de David, l'Éternel, son Dieu, lui donna une lampe à Jérusalem, en établissant son fils après lui et en laissant subsister Jérusalem.
>
> Car DAVID AVAIT FAIT CE QUI EST DROIT AUX YEUX DE L'ÉTERNEL, ET IL NE S'ÉTAIT DÉTOURNÉ D'AUCUN DE SES COMMAN-DEMENTS PENDANT TOUTE SA VIE, EXCEPTÉ DANS L'AFFAIRE D'URIE, LE HITTITE.
>
> 1 Rois 15 : 3-5

> Après cela, durant quatre cent cinquante ans environ, il leur donna des juges, jusqu'au prophète Samuel.
>
> Ils demandèrent alors un roi. Et Dieu leur donna, pendant quarante ans, Saül, fils de Kis, de la tribu de Benjamin ;
>
> Puis, l'ayant rejeté, il leur suscita pour roi David, auquel il a rendu ce témoignage : J'AI TROUVÉ DAVID, fils d'Isaïe, HOMME SELON MON CŒUR, QUI ACCOMPLIRA TOUTES MES VOLONTÉS.
>
> Actes 13 : 20-22

> Il mourut dans une heureuse vieillesse, RASSASIÉ DE JOURS, DE RICHESSE ET DE GLOIRE. Et Salomon, son fils, régna à sa place.
>
> 1 Chroniques 29 : 28

4. Obéir à la voix de Dieu offre la bénédiction de la présence de Dieu.

> Jésus lui répondit : SI QUELQU'UN M'AIME, IL GARDERA MA PAROLE, et mon Père l'aimera ; *NOUS*

VIENDRONS À LUI, ET NOUS FERONS NOTRE DEMEURE CHEZ LUI.

Jean 14 : 23

Peut-être est-ce là le plus grand bienfait de l'obéissance : la présence de Dieu. En effet, de grandes bénédictions sont promises aux disciples qui obéissent à la voix de Jésus.

Regardez et écoutez différents prêcheurs, vous remarquerez une différence dans la doctrine. Vous remarquerez également une différence dans l'importance de la présence de Dieu. Faites-y attention et vous le remarquerez sûrement si vous êtes sensible à l'Esprit.

Jésus a dit : « Nous viendrons à lui et nous ferons notre demeure chez lui ! » C'est une description de la présence de Dieu qui est manifeste chez les disciples. Dieu est partout. Nous savons qu'Il est omnipotent. Alors quand Jésus dit : « Nous viendrons à lui et nous ferons notre demeure chez lui », Il parle d'une plus grande présence du Père et du Fils.

Jésus promet de venir vivre en vous si vous Lui obéissez : c'est la promesse de la présence de Dieu.

Il y a une présence et une aura qui émanent des gens qui obéissent à Dieu. Cette présence et cette aura n'émanent pas des gens qui n'obéissent pas à la voix de Dieu.

Les gens peuvent prêcher la parole de Dieu et avoir de bonnes doctrines, mais la présence de Dieu doit être palpable ! Ne voulez-vous pas ressentir la présence de Dieu dans votre vie et votre ministère ? Apprenez à obéir à la voix de Dieu, même si elle est insensée.

Obéissez-lui, car en Lui obéissant, vous gagnez la présence de Dieu dans ce que vous faites !

Les livres de Dag Heward-Mills

1. Loyauté et déloyauté
2. Loyauté et déloyauté - Ceux qui vous accuse
3. Loyauté et déloyauté - Ceux qui sont des fils dangereux
4. Loyauté et déloyauté - Ceux qui sont ignorant
5. Loyauté et déloyauté - Ceux qui oublient
6. Loyauté et déloyauté - Ceux qui vous quittent
7. Loyauté et déloyauté - Ceux qui prétendent
8. La croissance de l'Eglise
9. L'implantation de l'Eglise
10. La méga église (2ème Edition)
11. Recevoir l'onction
12. Etapes menant à l'onction
13. Les douces influences de l'onction
14. Amplifiez votre ministère par les miracles et les manifestations du Saint Esprit
15. Transformer votre ministère pastoral
16. L'art d'être berger
17. L'art de leadership (3ème Edition)
18. L'art de suivre
19. L'art de ministère
20. L'art d'entendre (2ème Edition)
21. Perdre, Souffrir, Sacrifier et Mourir
22. Ce que signifie devenir berger
23. Les dix principales erreurs que font les pasteurs
24. Car on donnera à celui qui a et à celui qui n'a pas on ôtera même ce qu'il a
25. Pourquoi les chrétiens qui ne paient pas la dime deviennent pauvres et comment les chrétiens qui paient la dime peuvent devenir riches.
26. La puissance du sang
27. Anagkazo
28. Dites-leur
29. Comment naître de nouveau et éviter l'enfer
30. Nombreux sont appelés
31. Dangers spirituels
32. La Rétrogradation
33. Nommez-le! Réclamez-le ! Prenez-le !
34. Les démons et comment les affronter
35. Comment prier
36. Formule pour l'humilité
37. Ma fille, tu peux y arriver
38. Comprendre le temps de recueillement
39. Ethique ministérielle (2ème Edition)
40. Laikos

Obtenez votre copie en ligne aujourd'hui à www.daghewardmills.fr

Facebook: Dag Heward-Mills
Twitter: EvangelistDag

www.ingramcontent.com/pod-product-compliance
Lightning Source LLC
Chambersburg PA
CBHW061652040426
42446CB00010B/1694